T0128386

essentials

essentials liefern aktuelles Wissen in konzentrierter Form. Die Essenz dessen, worauf es als „State-of-the-Art" in der gegenwärtigen Fachdiskussion oder in der Praxis ankommt. *essentials* informieren schnell, unkompliziert und verständlich

- als Einführung in ein aktuelles Thema aus Ihrem Fachgebiet
- als Einstieg in ein für Sie noch unbekanntes Themenfeld
- als Einblick, um zum Thema mitreden zu können

Die Bücher in elektronischer und gedruckter Form bringen das Fachwissen von Springerautor*innen kompakt zur Darstellung. Sie sind besonders für die Nutzung als eBook auf Tablet-PCs, eBook-Readern und Smartphones geeignet. *essentials* sind Wissensbausteine aus den Wirtschafts-, Sozial- und Geisteswissenschaften, aus Technik und Naturwissenschaften sowie aus Medizin, Psychologie und Gesundheitsberufen. Von renommierten Autor*innen aller Springer-Verlagsmarken.

Vincent Sünderhauf

Employer Branding für KMUs

Wie Sie als Arbeitgeber zu einer attraktiven Marke werden

 Springer Gabler

Vincent Sünderhauf
seosupport GmbH
Berlin, Deutschland

ISSN 2197-6708   ISSN 2197-6716 (electronic)
essentials
ISBN 978-3-658-38852-2   ISBN 978-3-658-38853-9 (eBook)
https://doi.org/10.1007/978-3-658-38853-9

Die Deutsche Nationalbibliothek verzeichnet diese Publikation in der Deutschen Nationalbiblio-
grafie; detaillierte bibliografische Daten sind im Internet über http://dnb.d-nb.de abrufbar.

Planung/Lektorat: Imke Sander
Springer Gabler ist ein Imprint der eingetragenen Gesellschaft Springer Fachmedien Wiesbaden
GmbH und ist ein Teil von Springer Nature.
Die Anschrift der Gesellschaft ist: Abraham-Lincoln-Str. 46, 65189 Wiesbaden, Germany

Was Sie in diesem *essential* finden können

- Was Employer Branding ist
- Warum dieses Thema so unverzichtbar für moderne Unternehmen ist
- Welche nachhaltigen Vorteile Sie durch einen professionellen Umgang mit Employer Branding erzielen
- Was insbesondere Mittelständler bei dem Thema Employer Branding gegenüber großen Konzernen beachten müssen
- Wie Sie Employer-Branding-Maßnahmen erfolgreich in Ihrem Unternehmen umsetzen

Hinweis zur Gender-Regelung
Ich verwende aus Gründen der Lesbarkeit generell die männliche Form, spreche aber selbstverständlich mit jeder Zeile alle Leser und Leserinnen dieses Buches an.

Vorwort

Employer Branding steht mittlerweile vielfach bereits auf der Agenda der Geschäftsführung in kleinen und mittelständischen Unternehmen. Die Erkenntnis über die Relevanz des Themas entsteht häufig aus der Not der Personalabteilung heraus, Fachkräfte für das Unternehmen zu gewinnen. Ihnen fehlen schlichtweg die Argumente dafür, warum ein High Potential ausgerechnet in dieser Firma einen Arbeitsvertrag unterschreiben soll und nicht bei der Konkurrenz. Das Gehalt ist längst kein ausschlaggebender Faktor mehr, um das Für und Wider gegeneinander abzuwägen. Vielmehr rückt die Frage nach Identifikation mit dem Arbeitgeber in den Vordergrund. Welche Werte vertritt er? Kann ich mich mit der Unternehmensphilosophie identifizieren? Ist es möglich, in diesem Unternehmen auch eine persönliche Erfüllung zu erfahren? All diese Aspekte sind Bewerbern heute wichtig. Unternehmen, die jetzt kein klares Statement setzen, werden langfristig im Kampf um die besten Arbeitskräfte am Markt nicht bestehen können. Employer Branding ist der Schlüssel für Ihre Zukunft. Mit diesem *Essential* bekommen Sie das Rüstzeug in die Hand, mit dem Sie klare Argumente hervorbringen, warum neue Mitarbeiter zu Ihnen kommen – aber vor allem auch bei Ihnen bleiben sollten. Ich wünsche Ihnen viel Erfolg damit!

Vincent Sünderhauf

Inhaltsverzeichnis

Über den Autor

Vincent Sünderhauf leitet seit 2006 den Digital-Dienstleister seosupport mit Agenturstandorten in Berlin und München. Zu den Kunden gehören Unternehmen im KMU-Bereich, Fortune-500-Firmen und führende DAX-Konzerne bis hin zu internationalen Großunternehmen. Mit dem Ziel digitale Vermarktungsstrategien für webbasierten Verkauf in die jeweilige Firmenkultur zu integrieren, berät er mit seinem 40-köpfigem Team Kunden dabei, mehr Umsatz über das Internet zu generieren und ihre Markenbekanntheit zu erhöhen. Sünderhauf ist Experte für Suchmaschinenoptimierung, Online-Reputation, Employer Branding, Performance Marketing und digitale Unternehmenspositionierung. Er hält Vorträge für zahlreiche Organisationen sowie Unternehmen und ist als Online-Marketing-Pionier der ersten Stunde einer der versiertesten Branchenexperten deutschlandweit. Zudem unterstützt er als Lehrbeauftragter bei universitären Veranstaltungen und Vorlesungen angehende Online-Marketer. Als Co-Gründer und Business Angel ist er an verschiedenen Start-ups und Unternehmen beteiligt.

Grundlagen

1

Auf die Frage: „Was ist Employer Branding?" könnte man schlichtweg antworten: Das ist die Positionierung eines Unternehmens als attraktiver Arbeitgeber. Das hört sich auf den ersten Blick recht einfach an, ist aber auf den zweiten Blick ein wesentlich komplexeres Thema. Daher beginnen wir dieses *Essential* mit dem Hintergrundwissen zum Thema Employer Branding.

1.1 Was ist Employer Branding: Eine Definition

Die meisten Unternehmen haben eine Strategie in Bezug auf ihre Dienstleistungen und ihr Marketing. Was fehlt, ist eine klare Positionierung als Arbeitgeber, ohne die langfristig ein Bestehen im War of Talents aus unserer Sicht kaum möglich ist. Der Begriff des Employer Brandings hat zahlreiche Facetten. Es umfasst Strategien im Bereich Personalrecruiting, des Unternehmensimages und der Arbeitgeberattraktivität und auch des Personalmanagements. All diese Faktoren bestimmen die Attraktivität eines Unternehmens als Arbeitgeber.

Humankapital gehört zu den wichtigsten Erfolgs- und Entwicklungsfaktoren innerhalb eines Unternehmens. Denn am Ende können nur gut ausgebildete, qualifizierte und motivierte Mitarbeiter neue Entwicklungen auf den Weg bringen und den Bestand der Firma langfristig sichern. Bis vor einiger Zeit wurde im Employer Branding nicht viel mehr gesehen als die Frage, wie man am besten ambitionierte Fach- und Führungskräfte für sich gewinnen kann. Heute wird der Blick vor allem auf die internen Strukturen und deren Optimierungspotenziale gerichtet.

© Der/die Autor(en), exklusiv lizenziert an Springer Fachmedien Wiesbaden
GmbH, ein Teil von Springer Nature 2022
V. Sünderhauf, *Employer Branding für KMUs*, essentials,
https://doi.org/10.1007/978-3-658-38853-9_1

1.2 Der Unterschied zwischen Employer Branding und Personalmarketing

Zwischen den beiden Begriffen Personalmarketing und Employer Branding gibt es ein starkes Verwechslungspotenzial. Oftmals werden sie sogar synonym verwendet, denn viele Firmen sehen lediglich ein Ziel des Employer Branding vor Augen: gutes Personal zu gewinnen. Dabei geht es aber um sehr viel mehr und letztlich ist die Personalgewinnung erst das Ergebnis einer guten Employer-Branding-Strategie. Weiter unten finden Sie eine Auflistung sämtlicher Ziele, die mit einem nachhaltigen Employer Branding erreicht werden können. Damit Sie auch für sich beide Begrifflichkeiten voneinander abgrenzen können, finden Sie im Folgenden eine kompakte Gegenüberstellung.

Personalmarketing	Employer Branding
Das Personalmarketing fokussiert sich nur auf einen Aspekt des Employer Brandings: Die Personalgewinnung und langfristige Mitarbeiterbindung. Im Personalmarketing geht es darum, langfristig ein funktionierendes Bewerbermanagement aufzubauen und einen Weg zu finden, Hochschulabsolventen auf direktem Wege in das eigene Unternehmen zu führen	Beim Employer Branding geht es um die strategische Ausrichtung des Unternehmens. Dies betrifft sowohl interne als auch externe Faktoren und ist auf die Zukunft ausgerichtet. Es geht nicht im ersten Schritt darum, Mitarbeiter zu gewinnen, sondern die Arbeitgebermarke zu stärken und ein authentisches Image aufzubauen. Es muss hier eine klare Abgrenzung zu Mitbewerbern erfolgen

1.3 Wie sich die Ansprüche der Arbeitnehmer verändert haben

In den vergangenen Jahren hat sich ein merklicher Wandel in Bezug auf die Ansprüche vollzogen, die Arbeitnehmer an einen Job stellen. Noch vor einiger Zeit sprach man im Bewerbungsgespräch vorrangig über harte Faktoren wie die Arbeitszeit, die Urlaubstage, die Bezahlung sowie Aufstiegs- und Karrierechancen. Als Gegenleistung erwartete der Arbeitnehmer eine bedingungslose Hingabe für den Job, ständige Erreichbarkeit und die Bereitschaft, die Arbeit vor das Familienleben zu stellen.

In den letzten Jahren hat sich in diesem Bereich ein merklicher Wandel vollzogen. Jetzt stehen die weichen Faktoren im Vordergrund – sinnbildlich dafür der Kicker-Tisch im Pausenraum. Arbeitgeber suchen bereits bei der Beschäftigung mit einem Unternehmen Antwort auf die Frage: Welche Benefits werden mir geboten und wie ist es um die Work-Life-Balance bestellt? Benefits sind die Währung im Kampf um Talente. Wichtig ist es, diese Benefits zu schaffen und diese auch nach außen zu kommunizieren. Dafür gibt es unterschiedliche Möglichkeiten, auf die wir im vorliegenden *Essential* näher eingehen werden.

1.4 Wer soll durch das Employer Branding angesprochen werden?

Die Employer-Branding-Strategie richtet sich im Wesentlichen an zwei verschiedene Zielgruppen. Zum einen geht es darum, neue Mitarbeiter, Talente, Fach- und Führungskräfte für das eigene Unternehmen zu gewinnen. Auf der anderen Seite richtet sich das Employer Branding auch an die bestehenden Mitarbeiter, die langfristig an ein Unternehmen gebunden werden sollen. Hier spielt das Talentmanagement eine zentrale Rolle, um Fluktuationen zu vermeiden und Investitionen in die Mitarbeiter zu refinanzieren.

1.5 Warum ist Employer Branding für den Mittelstand so wichtig?

Mittelständische Unternehmen sind die tragende Säule im gesamten Wirtschaftssystem. Aber nur ein kleiner Teil dieser Firmen sind fest in ihrer Region verankert und dort gut vernetzt. Der Anteil der mittelständischen Firmen mit einer natürlich gewachsenen Unternehmenskultur und eigenen Werten, mit denen sie in ihrem lokalen Raum neue Mitarbeiter, aber auch Kooperationspartner und Kunden überzeugen können, ist überschaubar. Ein wesentlich größerer Teil der Mittelständler ist nahezu gesichtslos. Hört man einen Ort weiter den Namen des Unternehmens, dann kann schon kaum noch jemand etwas mit dem Firmennamen anfangen. Für Bewerbende ist das nicht gerade attraktiv. Insbesondere Fach- und Führungskräfte möchten in ein Unternehmen einsteigen, das einen Namen trägt. Hier geht es letztlich auch um die eigene Karriere, denn am Ende erscheint dieser Lebensabschnitt für immer in der Vita.

Mit dem Employer Branding sind tiefe Wirkungsmechanismen verbunden, die auf den ersten Blick kaum durchschaubar sind. Untersuchungen zeigen, dass nahezu 80 % der mittelständischen Unternehmen Schwierigkeiten haben, neue Mitarbeiter zu rekrutieren. Wer in diesem Bereich erfolgreich sein möchte, muss proaktiv werden und über den Aufbau einer attraktiven Arbeitgebermarke nachdenken. Employer Branding muss eine Antwort auf die Frage liefern: Wie bekomme ich einen Softwareentwickler nach Wiedenborstel?

1.6   Herausforderungen im Employer Branding für den Mittelstand

Ein Großteil mittelständischer Unternehmen kennt seine eigene Identität nicht. Würde man den Geschäftsführer danach fragen, kämen vielleicht Attribute und Worthülsen wie „erfolgreich", „flexibel" oder „aufstrebend". Oftmals finden sich solche Formulierungen auch direkt auf der Startseite der Webseite wieder, die für Bewerberkandidaten kaum Aussagekraft und damit auch wenig Anreiz bieten. Wenn es ganz schlecht läuft, hat die unmittelbare Konkurrenz bereits den Anschluss an das Employer Branding geschafft und lässt im Licht des eigenen Leuchtturms alle Mitbewerber im Schatten stehen.

Um sich bei der Personalsuche vor allem gegen die großen Unternehmen und Konzerne durchzusetzen, müssen also die Ärmel hochgekrempelt werden. Durch eine Employer-Branding-Strategie schaffen sie sich Alleinstellungsmerkmale und können so die Potenziale der Personalgewinnung voll ausschöpfen.

Der Ist-Zustand bei KMU

Ein großer Teil der KMU hat mittlerweile erkannt, dass genau an dieser Stelle ein großer Nachholbedarf besteht. In vielen Unternehmen zeigt ein Blick auf die Demografie eine dramatische Entwicklung. Wenn die meisten Fach- und Führungskräfte innerhalb der nächsten 10 Jahre in Rente gehen und genau jetzt kein Nachwuchs geschaffen wird, dann ist die gesamte Existenz der Firma gefährdet.

Zudem erlebt es der Mittelstand aktuell, dass Fachkräfte aus der Generation der Baby-Boomer vom Markt verschwinden. Die Corona-Pandemie hat diese Entwicklungen weiter verstärkt. Unternehmen sind in die Enge getrieben und müssen schnell Erfolge in Sachen Recruiting und Mitarbeitergewinnung vorweisen. Daher nehmen sie sich nicht die Zeit, das Thema Recruiting und Employer Branding in der Tiefe zu betrachten. Es bleibt bei einer oberflächlichen Form des Personalmarketings.

Fehlende Budgets als Herausforderung?

Ein weiteres, grundlegendes Problem im Mittelstand besteht darin, dass den Verantwortlichen oftmals nur sehr geringe Budgets zur Verfügung gestellt werden, mit denen ein nachhaltiges und fundiertes Employer Branding gar nicht möglich ist. Hinzu kommen fehlende Zeit- und Personalkapazitäten. Die vorhandenen Budgets werden dann in kurzfristige, aber wenig nachhaltige Lösungen investiert wie Recrui-tingkampagnen & Co. Diese Maßnahmen sind aber keineswegs dafür geeignet, sich langfristig auf dem Personalmarkt gegen die Mitbewerber durchzusetzen.

1.7 Kann sich ein Mittelständler gegenüber einem Großkonzern durchsetzen?

Oftmals sehen mittelständische Unternehmen sich der Herausforderung gar nicht gewachsen, in Sachen Employer Branding gegen einen großen Konkurrenten anzutreten. Dabei haben sie gerade gegenüber den Riesen der Branche ent-scheidende Vorteile. Das auf dem Markt gewachsene Familienunternehmen wird meistens wesentlich nachhaltiger und werteorientierter geführt als ein Konzern, der von wechselnden Führungsetagen geprägt wird und lediglich auf Zahlen und Aktienkurse schaut, als auf die eigene Identität. Zudem sind Konzerne sehr komplex. Es müssen für alle belangen meist wesentlich mehr Menschen und Abteilungen ins Boot geholt werden als beim Mittelständler.

Es gibt keine Mindestgröße für Unternehmen, ab der es sich lohnt, Employer Branding zu betreiben. Überall dort, wo Menschen eine Gemeinschaft bilden, kann auch eine gemeinsame Identität entwickelt werden. Es liegt in der Natur des Menschen, zu etwas und jemandem dazugehören zu wollen. Daher ist meistens auch die Bereitschaft groß, Teil von etwas Ganzem zu werden.

1.8 Employer Branding und digitale Transformation

Die digitale Transformation war und ist für viele Unternehmen wie ein Press-lufthammer, der alles aufgerüttelt und sämtliche Strukturen auf links gedreht hat. Umso wichtiger ist es in diesen Zeiten, einen Anker zu werfen und für Stabi-lität innerhalb des Unternehmens zu sorgen. Wichtig ist, dass das Unternehmen trotz aller Digitalisierung noch immer das bleibt, was es ist. Dazu gehört es auch, dass die Stammmitarbeiter bleiben und die Veränderungen tragen. Firmen müs-sen auch in Umbruchzeiten besonnen bleiben und sich auf das konzentrieren, was sie sind. Und das kann nur gelingen, wenn es eine Unternehmenskultur und eine Unternehmensidentität gibt, die auch im Sturm fest im Boden verankert ist.

Es müssen junge, talentierte Fachkräfte ins Unternehmen kommen, die die Digitalisierung mitgestalten und dafür sorgen, dass die Firma den Anschluss schafft. Dafür reicht es nicht mehr aus, einen Firmenwagen oder ein Bonus-programm anzubieten. Denn diese Anreize sind beliebig austauschbar – die Konkurrenz kann ebenfalls hohe Gehälter, Firmenwagen und Bonusprogramme ins Leben rufen und wird damit ebenso gesichtslos. Statt austauschbarer Grundbe-dingungen sollten Sie andere Anreize, wie beispielsweise eine Identifikation mit der Firma, schaffen. Wer nur mit Boni & Co. wirbt, geht das hohe Risiko ein, den Mitarbeiter schnellstmöglich wieder zu verlieren, wenn ein findiger Headhunter genug Überzeugungsarbeit leistet. Nur Mitarbeiter, die mit ihrem Unternehmen verbunden sind, bleiben gegenüber Anwerbungsversuchen standhaft.

1.9   Die beliebtesten Irrtümer bei KMU

Employer Branding ist ein Begriff, der gerade großen Unternehmen sehr viel Respekt einflößt. Daraus entstehen dann wiederum zahlreiche Irrtümer und Vor-urteile, mit denen wir in unserer täglichen Arbeit konfrontiert werden. Auf die häufigsten Irrtümer im Employer Branding möchten wir an dieser Stelle kurz eingehen.

1. **Employer Branding ist nur was für Konzerne**
   Falsch. Wie bereits weiter oben angesprochen, haben mittelständische Unter-nehmen sogar entscheidende Vorteile gegenüber Konzernen und können ihre Employer-Branding-Strategie von Grund auf besser und leichter aufbauen. Der Handwerksbetrieb, das Handelsunternehmen, die Baufirma: Sie alle haben meist klein angefangen und leben noch heute den Spirit des einstigen Grün-ders. Bei großen Konzernen ist dieser oftmals auf dem Weg nach oben längst verlorengegangen. Employer Branding ist also genauso geeignet für den Mittelständler mit 50 Mitarbeitern wie für den Großkonzern mit 5000.
2. **Employer Branding ist eine Dienstleistung, die für mich gemacht wird**
   Wenn Sie im Restaurant Garnelenspieße mit Hummersauce bestellen, dann wird in der Küche alles für Sie zubereitet. Sie müssen weder die Butter erhitzen noch Kartoffeln schälen oder dem Koch das Rezept laut vorle-sen. Employer Branding funktioniert anders und erfordert zwingend eine aktive Beteiligung. Arbeitgebermarken werden aus dem Unternehmen heraus entwickelt und können nicht einfach so wie ein Hut aufgesetzt werden.
3. **Employer Branding funktioniert nur bei bekannten Marken**
   Der Begriff des Employer Brandings wird gerne mit Apple oder Microsoft vergleichen. Ich brauche ein bekanntes Produkt, auf dem ich meine Produkte

aufbauen kann. Das stimmt so nicht. Nur weil Sie kein bekanntes Produkt auf dem Markt haben, heißt das nicht, dass Sie keine Marke aufbauen können.

4. **Employer Branding heißt, es Bewerbern recht zu machen**
   Auch Sie haben ganz sicher im Freundeskreis diesen einen Menschen – oder zählen sich sogar selbst dazu – der es gerne allen recht machen möchte. Auch Unternehmen neigen dazu, im Prozess der Entwicklung einer Employer-Branding-Strategie die vermeintlichen Wünsche potenzieller Bewerber wie ein Leuchtfeuer an den Fahnenmast zu hängen und sich genau daran zu orientieren. Darum geht es aber nicht. Employer Branding heißt, sich ein Selbstbewusstsein aufzubauen und Bewerber damit zu überzeugen.

5. **Employer Branding verursacht nur Kosten**
   Kennen Sie den? Der Marketingverantwortliche kommt zum Geschäftsführer und sagt: Wir brauchen Employer Branding. Darauf der Geschäftsführer: Und wie hoch ist der ROI? Verständlicherweise denken Unternehmen in Zahlen. Für jedes Investment muss es ein Re-Invest geben, das sich möglichst in Zahlen ausdrücken lässt. Employer Branding muss aber weitergedacht werden. Es ist eine langfristige Investition in die Zukunftsfähigkeit des Unternehmens, für die Sie im zweiten Quartal noch keine schwarzen Zahlen schreiben können. Am guten Ende kann Employer Branding dann aber auch erheblich Kosten insbesondere für das Recruiting einsparen. Eine positive Wahrnehmung der Arbeitgebermarke steigert signifikant die Anzahl der Initiativbewerbungen.

In der täglichen Arbeit und in Gesprächen mit Unternehmen fällt auf, dass eine große Verwechslungsgefahr zwischen einer imagebildenden Marketingkampagne und Employer Branding besteht. Der Aufbau der Unternehmenskultur funktioniert nur von innen heraus – langsam, strategisch und langfristig gedacht. Es geht nicht darum, morgen mit großen Plakaten den Potsdamer Platz zuzupflastern, sondern sich schrittweise aufzurichten.

Um die richtigen Maßnahmen einleiten zu können und eine Employer-Branding-Strategie zu entwickeln, muss zunächst der Ist-Zustand analysiert werden. Dafür gibt es keine pauschale Vorgehensweise. Als Orientierung können Sie sich aber an den nachfolgenden Fragen entlanghangeln, um am Ende einen Eindruck davon zu gewinnen, welche Stärken Sie im Bereich Unternehmensidentität bereits haben und an welchen Schwächen gearbeitet werden muss.

1.9.1 Wie nehmen die Mitarbeiter ihren Arbeitgeber wahr?

Eine entscheidende Informationsquelle in der Analyse des Ist-Zustandes sind die eigenen Mitarbeiter. Die Frage lautet: Wie nehmen sie ihren Arbeitgeber wahr, wie ist die Stimmung innerhalb der Firma und gibt es einen Spirit, der von den Mitarbeitern gelebt wird? Um Antworten auf diese Frage zu finden, kann eine Umfrage hilfreich sein. Dafür stehen auf dem Markt eine Reihe von Tools zur Verfügung, mit denen solche Befragungen anonymisiert durchgeführt werden können. Sie haben dabei zum Beispiel auch die Möglichkeit, zwischen einzelnen Mitarbeitergruppen zu unterscheiden und separate Analysen für Einsteiger und Führungskräfte zu erstellen. Diese Befragungen sollten Sie auch während des Prozesses einer Identitätsbildung regelmäßig wiederholen, um die Fortschritte zu dokumentieren.

1.9.2 Was sind meine Stärken und Schwächen?

Haben Sie eine Antwort auf die Frage, was Sie für ein Unternehmen sind und wie Sie von außen wahrgenommen werden? Versuchen Sie, Ihre Werte aufzuschreiben und holen Sie auch dabei Ihre Mitarbeiter ins Boot. Nachdem Sie wissen, was Ihre Mitarbeiter über die Firma denken, sollten Sie auch Erkenntnisse darüber bekommen, was zum Beispiel Mitbewerber oder potenzielle Bewerber von Ihnen halten. Da Sie schlecht Ihren Mitbewerbern einen Fragebogen dazu zukommen lassen können, muss dafür eine individuelle Vorgehensweise entwickelt werden.

Darüber hinaus sollte Sie auch definieren, welche unternehmerischen Stärken Sie haben. Was können Sie, was andere nicht können? Warum werden Sie auch in 10 Jahren noch erfolgreich am Markt sein? Dabei ist es wichtig, einen realistischen Blick zu haben und nicht das zu notieren, was man gerne sein möchte, sondern den Ist-Zustand zu kennen. Hier ist es fast unverzichtbar, einen Blick von außen, beispielsweise durch eine Employer-Branding-Agentur, einzuholen.

1.9.3 Was können Sie Ihren Bewerbern bieten?

Dies ist eine der zentralen Frage im Employer Branding. Wie bereits erwähnt, müssen Mittelständler an dieser Stelle weg kommen von Attributen wie „Gute Bezahlung" und „Tankgutscheine". Solche Anreize sind beliebig austauschbar und stechen nicht mehr aus der Masse hervor. Stattdessen sollten hier zum

Beispiel Weiterbildungs- und Entwicklungsmöglichkeiten stehen, Familienfreundlichkeit und Maßnahmen, die die Work-Life-Balance sicherstellen. Gerade die junge Generation möchte vielleicht gerne im Sommer im Garten arbeiten, statt in einem fensterlosen Büro.

1.9.4 Warum haben Bewerber das Jobangebot abgelehnt?

Wenn Sie einem Bewerber ein Jobangebot gemacht haben, das er abgelehnt hat, dann sollten Sie hier näher hinsehen. Machen Sie sich die Mühe, den Bewerber noch einmal zu kontaktieren – nicht um ihn zu „überreden", sondern um aus dieser Absage wichtige Erkenntnisse zu gewinnen. Hören Sie genau zu, was gefehlt hat und welchen Impuls Sie das nächste Mal geben können, damit der Kandidat das Jobangebot annimmt.

Auch Kontaktmessen, die regelmäßig zum Beispiel an Hochschulen veranstaltet werden, können eine sehr wertvolle Informationsquelle sein. Dort halten sich die Fach- und Führungskräfte von morgen auf, die Sie für Ihre unternehmerische Entwicklung brauchen.

1.9.5 Was machen Ihre Wettbewerber?

Eine Ist-Analyse ist auch immer ein Vergleich. Schauen Sie sich Ihre Konkurrenz an und prüfen Sie, was diese in Sachen Employer Branding machen. Gute Quellen sind deren Karriereseiten oder Social-Media-Auftritte. Welche Leistungen erbringen sie als Arbeitgeber? Was kann ich für mein Unternehmen daraus lernen? Natürlich geht es nicht darum, 1:1 diese Maßnahmen zu kopieren, sondern sie auf das eigene Unternehmen zu adaptieren.

1.9.6 Welche Ziele verfolgen Sie mit dem Employer Branding?

Wenn Sie sich an dieser Stelle intensiv mit dem Thema Employer Branding auseinandersetzen, dann haben Sie ganz sicher bestimmte Ziele und Erwartungen im Kopf. Es gibt sehr vieles, was Employer Branding erreichen kann – sowohl innerhalb des Unternehmens als auch nach außen.

Interne Ziele des Employer Brandings

Definition der Unternehmensidentität

Aus der Erfahrung wissen wir, dass viele mittelständische Unternehmen bereits eine Unternehmensidentität haben, sie aber nicht definieren können. Daher ist das erste und grundlegende Ziel, entweder zunächst eine Identität zu schaffen oder eine bereits vorhandene CI schwarz auf weiß festzuhalten.

Schaffen eines WIR-Gefühls

Dieser Aspekt wird noch immer häufig von der Geschäftsführung unterschätzt. Stellen Sie sich einen Mitarbeiter vor, der täglich zur Arbeit kommt, sich auf seinen Bürostuhl setzt und seine Aufgaben vollkommen losgelöst vom eigentlichen Unternehmen erledigt. Es macht für ihn (oder sie) keinen Unterschied, ob er nun in diesem oder dem Gebäude gegenüber sitzt. Dieser Mitarbeiter ist wie ein gefundenes Fressen für Headhunter. Es wird sie kaum Überredung kosten, diesen Mitarbeiter abzuwerben. Hinzu kommt, dass ohne Zugehörigkeitsgefühl meistens nur „Dienst nach Vorschrift" erledigt wird. Mithilfe des Employer Brandings können Sie mit einem Wir-Gefühl für ein leistungsförderndes Betriebsklima sorgen.

Erhöhung der Leistungsbereitschaft und Zufriedenheit

Mitarbeiter, die nicht für irgendeine, sondern genau für ihre Firma arbeiten, sind deutlich leistungsbereiter und engagierter. Sie fahren nicht Punkt 16:00 Uhr den Bildschirm herunter, sondern sind motiviert, etwas für die Firma und das gemeinschaftliche Vorankommen zu tun. Eine solche Mitarbeitereinstellung ist für Unternehmen Gold wert.

Senkung der Krankheitstage und Ausfälle

Es ist allgemein bekannt, dass Mitarbeiter sich leichter und schneller krankschreiben lassen, wenn sie sich nicht mit ihrem Unternehmen identifizieren können. Im Idealfall kommt jeder Mitarbeiter gerne zur Arbeit und sieht es eher als Strafe an, wenn er Zuhause krank im Bett liegen muss.

Emotionale Verbindungen zum Unternehmen schaffen

Eine Verbundenheit mit dem Unternehmen schafft gleichzeitig Resistenz gegenüber Versuchen des Abwerbens. Oftmals wird Employer Branding viel zu kurz gedacht. Es geht nicht nur darum, neue Mitarbeiter zu gewinnen, sondern diese vor allem auch langfristig an das Unternehmen zu binden. Und zwar nicht (ausschließlich) über das Gehalt, sondern vor allem auch emotional.

Alle ziehen an einem Strang
Es macht natürlich keinen Sinn, wenn die neu gefasste Unternehmensidentität nur in der Chefetage gelebt wird. Wenn alle im Boot sitzen und im gemeinsamen Takt rudern, dann hilft das dabei, dass alle Mitarbeiter im Sinne der Unternehmensziele arbeiten. Andernfalls arbeitet eben jeder seine Aufgaben ab – unabhängig voneinander und auch unabhängig vom Unternehmen. Employer Branding sorgt dafür, dass alle an einem Strang ziehen.

Mitarbeiter als Innovationstreiber
Jeder Mitarbeiter bringt sein eigenes Know-how mit in die Firma. In der Praxis scheitert es aber oft daran, dass Unternehmen dieses Know-how auch nutzen und an die Firma binden. Mitarbeiter können wahre Innovationstreiber sein und das Unternehmen in die Zukunft tragen, wenn sie als solche auch wahrgenommen werden.

Mitarbeiter werden zum Markenbotschafter
Das Beste, was Ihnen und Ihrem Unternehmen passieren kann ist, dass Mitarbeiter zu Markenbotschaftern werden. Das kann auf vielfältige Weise geschehen. Ein Ausdruck des Stolzes ist es bereits, wenn die Corporate Kleidung zum Beispiel auch in der Freizeit getragen wird. Niemand würde ein Shirt mit dem Firmenlogo tragen, wenn er sich mit seiner Firma nicht identifizieren könnte.

Externe Ziele des Employer Brandings
Verbesserung des Unternehmensimages
Employer-Branding-Maßnahmen steuern entscheidend die Wahrnehmung, die andere von Ihrem Unternehmen haben. Wer dies nicht aktiv mitgestaltet, muss dann auch in Kauf nehmen, dass z. B. durch Negativbewertungen etc. ein vermeintlich falsches Image entsteht. Authentizität ist an dieser Stelle der entscheidende Begriff. Ein positives Unternehmensimage baut sich nicht dadurch auf, dass Sie einen neuen Slogan entwickeln oder ein Firmenvideo drehen, in dem gecastete Schauspieler glücklich in die Kamera lächeln. Es kann nur dann langfristig wirken, wenn es von innen aufgebaut wird und authentisch ist.

Stärkung der Arbeitgebermarke
Die sogenannte Employer Value Proposition ist die Summe aller Vorteile, die Ihr Unternehmen ausmacht. In der Zusammenarbeit mit Firmen haben wir festgestellt, dass manchmal nicht einmal die Firmen selbst eine konkrete Antwort auf die Frage nach ihren Alleinstellungsmerkmalen liefern können. Umso schwerer wird es dann

auch für die Mitarbeiter herauszufinden, warum sie eigentlich in diesem Unternehmen arbeiten sollten. Daher ist es eine wichtige Zielstellung im Employer Branding, die USP zu definieren, sie zu festigen und dadurch die Arbeitgebermarke von innen heraus zu stärken.

Wettbewerbsvorteile im Kampf um Fachkräfte
In vielen Branchen herrscht ein starker Kampf um die besten Fach- und Führungskräfte. Durch eine gute Employer-Branding-Strategie können Sie Ihre Position im Wettbewerb um diese Mitarbeiter stärken und die Besten im Idealfall für sich gewinnen.

Unterstützung neuer Mitarbeiter bei der Einarbeitung
Klare Linien, eine eindeutige Ausrichtung nach innen und nach außen. All das erleichtert es insbesondere neuen Teammitgliedern, sich in das Unternehmen zu integrieren. Employer Branding ist gerade auch für diese Zielgruppe wie ein Stützpfeiler zur Orientierung. Je schneller neue Mitarbeiter sich in ein bestehendes Team integrieren können, desto schneller ist auch eine Leistungsentfaltung möglich.

Mehr Sichtbarkeit
Employer Branding nutzt Instrumente aus dem Bereich der Onlinekommunikation wie Social Media & Co. Dadurch werden Unternehmen insbesondere bei einer jungen Zielgruppe sichtbarer. Auf lange Sicht können teure Recruitingmaßnahmen reduziert oder vielleicht sogar vollkommen ersetzt werden.

Nachhaltige Optimierung der Mitarbeitergewinnung
Durch ein gutes Employer Branding bekommen Bewerber und potenzielle Mitarbeiter von vornherein ein Gefühl für das Unternehmen und den internen Spirit. Durch eine zielgerichtete Kommunikation werden sie zum Beispiel über den Umgang mit Hierarchien informiert, über regelmäßige Teamaktivitäten und auch darüber, ob zum Beispiel eine Du- oder eine Sie-Mentalität herrscht. Sehr viel punkten können Unternehmen damit, wenn sie zeigen, dass Mitarbeiter in ihrer Firma wertgeschätzt werden. Insbesondere dann, wenn es um die Gewinnung umkämpfter Fachkräfte geht, kann dies schon der ausschlaggebende Faktor für eine Bewerbung sein.

Steigerung der Bewerberqualität und -quantität
Der Wunschtraum jedes Recruiters ist es, genügend initiative Bewerbungen von Fach- und Führungskräften zu bekommen. Mit einer durchdachten Employer-Branding-Strategie können Sie sowohl die Quantität als auch die Qualität der Bewerbungen steigern.

1.9.7 High Potentials für sich gewinnen

High Potentials sind wie die Diamanten in einer großen Diamantenmine. Denn Fortschritt ist in mittelständischen Unternehmen nur dann möglich, wenn fähige Mitarbeiter ihre Ideen einbringen und sich mit persönlichem Engagement für ihre Firma einsetzen. Es handelt sich bei den High Potentials in aller Regel um Hochschulabsolventen, die einen exzellenten Abschluss nachweisen können und ihre Talente wertschöpfend in das Unternehmen einbringen. Umso wichtiger ist es für mittelständische Firmen, diese Mitarbeiter einerseits für das Unternehmen zu gewinnen und sie vor allem langfristig auch zu halten.

Warum sind High Potentials so essenziell im Mittelstand?
Absolventen mit besonders guten Abschlüssen und Qualifikationen sichern nicht nur das Bestehen, sondern auch die Zukunft mittelständischer Unternehmen. Sie kommen meistens nicht nur mit dem neusten Wissen, sondern auch mit einer ausgereiften Projekterfahrung ins Unternehmen. Sie brennen für ihr Thema und haben auch ein persönliches Interesse daran, ihr Können einzubringen und sich in der Firma weiterzuentwickeln. Sie können also davon ausgehen, dass solche Potentials eine hohe Agilität aufweisen, stark belastbar sind und eine hohe Motivation mitbringen. Zudem haben High Potentials das große Potenzial, in relativ kurzer Zeit wichtige Führungsaufgaben zu übernehmen.

High Potentials fördern und langfristig binden
Einen Mitarbeiter dieser Klasse können Sie sich wie einen hungrigen Geparden vorstellen, der auf der Suche nach Nahrung ist. Wenn er in seinem Gebiet keine Antilope findet und nicht regelmäßig mit neuer Nahrung versorgt wird, wechselt er das Revier. Firmen, die das Glück haben, einen High Potential für ihr Revier zu gewinnen, begehen oftmals den Fehler, das Recruiting an dieser Stelle zu beenden. Tatsächlich beginnt der Kampf um die besten Arbeitskräfte auf dem Markt aber genau erst an dieser Stelle, denn wenn das High Potential Sie nach 9 Monaten aufgrund fehlender Entwicklungsmöglichkeiten wieder verlässt, dann haben Sie nichts gewonnen. Besonders qualifizierte Mitarbeiter wollen sich beweisen, sich weiterentwickeln und brauchen Nahrung dafür. Dazu müssen Firmen verschiedene Maßnahmen ergreifen und ihnen zum Beispiel rechtzeitig Mitspracherechte und Verantwortung übertragen. Wer jahrelang nur ausführt, vergoldet seine Talente und wird unzufrieden. Stattdessen müssen derart qualifizierte Mitarbeiter das Gefühl bekommen, sich einbringen und auch selbst wachsen zu können.

1.9.8 Finanzielle Vorteile des Employer Brandings für Mittelständler

Wenn ein motivierter Mitarbeiter einen Termin beim Geschäftsführer macht, um ihn davon in Kenntnis zu setzen, wie wichtig eine Employer-Branding-Strategie für das Unternehmen ist, wird er schnell wieder auf den Boden der Tatsachen geholt. Denn die unweigerliche Frage: „Welchen ROI bekommen wir?" kann auf die Schnelle nicht in Zahlen ausgedrückt werden. Dennoch gibt es neben allen anderen Argumenten auch kaufmännische Faktoren, die Sie in einem solchen Fall in die Argumentation mit einbauen können. Einige dieser wirtschaftlichen Faktoren haben wir bereits im Vorfeld anklingen lassen und fassen sie an dieser Stelle noch einmal kompakt zusammen.

1. **Recruitingkosten sparen**
   Mit zunehmender positiver Wahrnehmung der Arbeitgebermarke steigt auch die Anzahl der Bewerbungen, die ganz ohne zusätzliche Recruitingmaßnahmen eingehen. Dadurch, dass auch die Qualität der Bewerber steigt, verbringt die Personalabteilung weniger Zeit damit, ungeeignete Kandidaten auszusortieren. Es bleibt unter dem Strich mehr Zeit, sich um die wichtigen Kandidaten zu kümmern und für einen reibungslosen Einstellungsprozess.
2. **Geringere Fluktuation**
   Eine wesentliche Aufgabe des Employer Brandings besteht darin, ein Wir-Gefühl im Unternehmen zu schaffen und Mitarbeiter dadurch auch mit ihrem Herzen ans Unternehmen zu binden. Goodies und Gehälter, Urlaubstage und der Firmenwagen sind beliebig austauschbar. Wer aber durch eine gute Employer-Branding-Strategie ein Zusammengehörigkeitsgefühl erzeugt, hat viel gewonnen. Selbst wenn ein Mitbewerber mit einem höheren Gehalt wirbt, haben Sie dann gute Chancen, dass er Ihnen treu bleibt. Fluktuation ist ein hoher Kostenfaktor in Unternehmen, den Sie mit einem guten Employer Branding schnell abwenden können.
3. **Sparen durch den guten Ruf**
   Untersuchungen zeigen, dass sich der Markt immer mehr vom arbeitgeberdominierten zum arbeitnehmerdominierten Markt verlagert.
   Daraus ergibt sich auch der Umstand, dass Firmen 10 % mehr Gehalt zahlen müssen, wenn sie einen schlechteren Ruf haben. Dieses Geld können Sie sparen bzw. es wesentlich nachhaltiger in Ihr Employer Branding investieren.

Ansätze im Employer Branding: Unternehmen müssen umdenken

2

Um Employer Branding richtig umzusetzen und es auch nachhaltig in die Zukunft zu tragen, braucht es eine Strategie mit klar definierten Maßnahmen. Es lässt sich an dieser Stelle keine allgemeingültige Liste aufstellen, die für jedes Unternehmen gleichermaßen gültig ist und nur nacheinander abgearbeitet werden muss. Eine Employer-Branding-Strategie muss immer individuell entwickelt und auf das jeweilige Unternehmen abgestimmt werden. Daher sollen an dieser Stelle Impulse geliefert werden, mit denen Sie Ihre eigene Employer-Branding-Strategie aufbauen können.

2.1 Employer Value Proposition: Starke Arbeitgebermarke aufbauen

Der Aufbau der Arbeitgebermarke – auch Employer Value Proposition genannt – ist das Herzstück des Employer Brandings. Wenn Sie nicht wissen, wer Sie als Unternehmen sind und was Sie auszeichnet, haben alle anderen Maßnahmen keinen Boden, auf dem sie wachsen können. Beim Aufbau der Arbeitgebermarke geht es darum, am Ende die wesentlichen Fragen zu beantworten:

1. Was macht uns aus Arbeitgeber aus?
2. Was schätzen unsere Mitarbeiter an uns?
3. Was machen wir anders als die Konkurrenz?

Diese Fragen müssen Sie auch nach der nächsten Betriebsfeier beantworten können, wenn Sie morgens um 5.30 Uhr geweckt und danach gefragt werden. Sie geben Ihren bestehenden, aber auch neuen Mitarbeitern damit ein Werteversprechen, das wie ein Stützpfeiler wirkt und sie auch durch mögliche schwere Zeiten

© Der/die Autor(en), exklusiv lizenziert an Springer Fachmedien Wiesbaden GmbH, ein Teil von Springer Nature 2022
V. Sünderhauf, *Employer Branding für KMUs*, essentials,
https://doi.org/10.1007/978-3-658-38853-9_2

tragen wird. Die Arbeitgebermarke ist wie die Familie, die immer da ist, egal aus welcher Richtung der Wind gerade weht.

2.1.1 Warum ist die Value Proposition im Employer Branding so unverzichtbar?

Der Arbeitsmarkt hat sich verlagert. Wo früher der Personaler auf dem großen Sessel saß, Bewerbungen angesehen und Bewerber im Gespräch genau durchleuchtet hat, verlagert sich dieser Schwerpunkt zunehmend in die Richtung der Bewerber. Früher gingen diese Gespräche so aus, dass Bewerber nahezu alles von sich preisgegeben haben und der Arbeitgeber ein genaues Profil bekommen hat, der zukünftige Mitarbeiter aber kaum mehr Informationen hatte als diejenigen, die sich auf der Webseite befanden.

Mit dem wachsenden Fachkräftemangel hat sich dieses Verhältnis verschoben. Nun sind es die Bewerber, die von den Arbeitgebern umworben werden und je nach Qualifikation die freie Auswahl haben. Die Konsequenz daraus ist die, dass sich nun nicht mehr nur der Bewerber, sondern auch der Arbeitgeber von seiner besten Seite zeigen muss.

2.1.2 So ermitteln Sie die Value Proposition

So wie Sie auch Ihren Ist-Zustand in Sachen Employer Branding ermitteln können und sollten, gilt dies auch für die Value Proposition. Dazu können Sie sich an den nachfolgenden fünf Fragen orientieren.

1. **Wer sind Ihre Stakeholder?**
   Welche Menschen in und um Ihr Unternehmen herum sind in der Lage, einen Beitrag im Branding-Prozess zu leisten bzw. sollten unbedingt in diese Arbeit eingebunden werden? Wichtig ist, hier auf Diversität zu achten, damit es im Prozess nicht zu einem Tunnelblick kommt. An der Entwicklung und der Prägung einer Employer-Branding-Strategie sollte nicht nur die Personalabteilung mitarbeiten, sondern auch die Führungskräfte und Mitglieder aus dem Management. Auch die anderen Abteilungen sollten mit einbezogen werden, denn schließlich geht es im Employer-Branding-Prozess darum, ein Gemeinschaftsgefühl zu erzeugen. Daher sollten eben auch alle, die zur Gemeinschaft gehören, mit einbezogen werden. Jeder Mitarbeiter und jede Führungskraft hat

einen anderen Blick auf das Unternehmen und kann aus dieser Perspektive wertvolle Impulse liefern.

2. **Wer ist Ihre Zielgruppe?**

Die Wirkung des Employer Brandings bezieht sich immer auf eine spezifische Ziel- bzw. Bewerbergruppe. Sie wollen schließlich nicht den gesamten Arbeitsmarkt erreichen, sondern nur einen sehr speziellen und kleinen Teil. Umso konkretere Vorstellungen sollten Sie auch von den Menschen haben, die Sie mit Ihren Employer-Branding-Maßnahmen erreichen wollen. Die beste Quelle dafür sind die eigenen Mitarbeiter, also die Menschen, die Sie scheinbar erfolgreich davon überzeugen konnten, ins Unternehmen einzutreten. Ein guter Weg, um hier möglichst authentische und ehrliche Antworten zu bekommen, ist eine anonyme Onlinebefragung. Die Ergebnisse lenken den Blick meistens schon in eine klare Richtung. Ein sehr guter Nebeneffekt solcher Befragungen besteht darin, dass oftmals genau durch diese Antworten auch der USP des Unternehmens als Arbeitgeber klar wird, wenn dieser bislang noch nicht gefunden wurde.

Insbesondere in größeren Unternehmen macht es oftmals Sinn, eine einheitliche und übergeordnete Employer Value Proposition zu entwickeln und diese dann auf die einzelnen Mitarbeiter-Zielgruppen anzupassen. Wer beispielsweise Stellen in seiner Zentrale mitten in der pulsierenden Hauptstadt vergeben möchte, gleichzeitig aber auch Kandidaten für die Niederlassungen auf dem Land finden möchte, braucht eine andere Ansprache.

3. **Was sind Ihre Werte?**

Jedes Unternehmen hat im Laufe seiner Geschichte eigene Werte ausgebildet, die in den meisten Fällen organisch weitergetragen wurden. Insbesondere im Mittelstand leben viele Betriebe noch von den Visionen der Gründerpersönlichkeit, der bei jungen Unternehmen sogar oftmals noch Teil des Teams ist. Aber könnten Sie spontan diese Werte benennen und die Frage beantworten, welche Werte Sie als Arbeitgeber ausmachen und was Mitarbeiter konkret an Ihrem Unternehmen schätzen? Eine Antwort auf diese Frage finden Sie unter anderem auch durch Mitarbeitergespräche und Online-Befragungen.

Darauf aufbauend muss dann auch klar werden, wie Sie sich konkret in diesem Bereich von der Konkurrenz abgrenzen. Ein letzter wichtiger Faktor in der Employer Value Proposition ist die Frage nach der Soll-Perspektive und Ihrer Vision. Welche Werte möchten Sie zukünftig in Ihrem Unternehmen etablieren und wo soll für Sie die Reise als Arbeitgeber hingehen?

Antworten auf all diese Fragen finden Sie entweder durch Mitarbeiterbefragungen oder auch durch interne Workshops.

4. **Wie lautet Ihr Claim?**

Erfahrungsgemäß gehört es nicht zu den beliebtesten Aufgaben in mittelständischen Betrieben, einen Claim zu entwickeln. Mit unbeliebten Aufgaben ist es so wie mit Medizin: je bitterer sie schmeckt, desto besser hilft sie meistens. Ein ausdrucksstarker Claim fasst in ca. 3 bis 5 Worten zusammen, was Ihre Arbeitgebermarke ausmacht. Oftmals macht es kaum Sinn, diesen Claim selbst zu entwickeln, da die Vogelperspektive fehlt. Hier können Sie auch die Hilfe einer Agentur in Anspruch nehmen.

5. **Was sind Ihre wichtigsten Kommunikationskanäle?**
Um noch einmal das vorausgegangene Beispiel des Mitarbeiter-Recruitings für die Zentrale in Berlin und die Niederlassung in Wiedenborstel zu bemühen, braucht es hier für die Mitarbeitersuche vermutlich eigene Kommunikationskanäle. Finden Sie heraus, wo sich Ihre Mitarbeiter-Zielgruppe aufhält und über welche Kommunikationswege und -mittel am besten eine Ansprache gelingen kann.

2.1.3 Definieren Sie Ihre Werte und Stärken innerhalb der Value Proposition

Die Value Proposition muss Ihre Stärken als Arbeitgeber klar herausarbeiten können. Was macht Sie aus? Was machen Sie anders als konkurrierende Betriebe? Hier kommen sehr viele Argumente infrage, von denen wir im Folgenden beispielhaft einige ausgewählt haben.

Bezahlung
Wie gut oder durchschnittlich ist die Bezahlung in Ihrem Unternehmen? Bezahlen Sie Ihre Mitarbeiter durchschnittlich, unterdurchschnittlich oder überdurchschnittlich gut? Es sei an dieser Stelle noch einmal erwähnt, dass die Bezahlung niemals das einzige Argument sein darf, mit dem Sie sich vom Markt abgrenzen wollen, da es sehr austauschbar ist. Auch andere Unternehmen können ihre Gehälter anpassen – Sie brauchen in diesem Fall noch mehr fundierte Argumente, die für Sie als neuen Arbeitgeber sprechen.

Arbeitsplatz
Die Büroplanung ist mittlerweile ein ganz eigener Wirtschaftsbereich geworden. Der Trend zum Open Space und zu den New-Work-Konzepten kam ursprünglich von den großen Konzernen wie Apple & Co., erreicht aber nun zunehmend auch die mittelständischen Betriebe. Der Trend geht immer mehr dazu, Büros

in eine Wohlfühlzone zu verwandeln, in denen es verschiedene Bereiche für konzentriertes Arbeiten, für Teamwork oder die Ruhepause für zwischendurch gibt. Für trendige Großraumbüros wurde die schallisolierte „Telefonzelle" entwickelt, in der Mitarbeiter allein oder in Mini-Teams konzentriert arbeiten können, dabei aber immer im Sichtkontakt mit andere Kollegen sind. Agilität ist hier das Zauberwort. Wer einen solchen Arbeitsplatz zu bieten hat, der liefert schon ein herausragendes Argument für Bewerber, sich hier zukünftig wohlzufühlen.

Unternehmenskultur

Insbesondere für junge Arbeitgeber aus der Generation Y wird es zunehmend wichtig, sich mit einem Unternehmen und dessen Werten identifizieren zu können. Wer beispielsweise in seinem Privatleben sehr natur- und umweltbewusst lebt, möchte diese Haltung zumindest auch in den Grundzügen in seiner Firma widergespiegelt haben. Umso wichtiger ist es aber auch, sich seiner eigenen Unternehmenskultur bewusst zu sein und diese dann auch klar zu kommunizieren. Mitarbeiter, die Ihre politischen, kulturellen oder sozialen Werte nicht teilen, werden ohnehin nicht zu langjährigen Teammitgliedern, die sich mit Ihrem Unternehmen identifizieren können. Es lohnt also beiderseitig nicht, Zeit und Mühe in eine Zusammenarbeit zu investieren, die von vornherein zum Scheitern verurteilt ist.

Entwicklungschancen

Junge, gut ausgebildete Mitarbeiter brennen dafür, weiterzukommen, noch mehr zu lernen und gefördert zu werden. Natürlich ist es dabei auch nicht unerheblich, welche Weiterbildungs- und Entwicklungschancen es für sie gibt. Wie könnten die nächsten Karriereschritte im Unternehmen aussehen? Welche Möglichkeiten der Weiterbildung gibt es? Vielleicht können Sie auch einige Mitarbeiter selbst zu Wort kommen lassen, die im Unternehmen Karriere gemacht haben und hier mit positivem Beispiel vorangehen.

Gesundheitsförderung

Sie können Ihren Mitarbeitern kaum mehr Wertschätzung entgegenbringen als mit einem guten Gesundheitsmanagement. Zeigen Sie den Mitarbeitern, wie wichtig Ihnen deren Gesundheit ist und welche Maßnahmen Sie ergreifen, die über den gesetzlichen Arbeitgeberschutz hinausgehen.

Job-Sicherheit

Junge und stylische Start-ups stürmen auf den Markt. Sie sind motiviert, haben Visionen und richten coole Arbeitsräume ein. Ein Traum für viele Menschen, in so einem dynamischen und innovativen Umfeld zu arbeiten. Das einzige, was diese jungen Unternehmen nicht bieten können, ist einen sicheren Arbeitsplatz. Auch wenn die Zukunftspläne groß sind: Niemand kann abschätzen, wie das Unternehmen in 6 Monaten, in einem oder fünf Jahren dastehen wird. Gestandene mittelständische Firmen können aber genau hier angreifen und damit werben, dass sie schon 10, 20 oder 100 Jahre am Markt bestehen und neue Mitarbeiter – wenn sie wollen – hier auch alt werden können.

2.1.4 Wie ist Ihre Konkurrenz in Sachen Value Proposition aufgestellt

Um sich abgrenzen zu können von Mitbewerbern und konkurrierenden Unternehmen sollten Sie immer wissen, wie Ihre Konkurrenz in dieser Hinsicht aufgestellt ist. Informationen darüber bekommen Sie oftmals im Austausch mit Ihren Bewerbern, die sich ganz bestimmt auch schon bei anderen Firmen umgesehen haben. Welche Werte vertritt die Konkurrenz? Was bietet sie neuen Kandidaten? Eine gängige Praxis ist es auch, sich auf Jobmessen quasi inkognito als Bewerber auszugeben und dort mit dem Konkurrenzunternehmen in Kontakt zu kommen. Dabei sollten Sie diese Erkenntnisse aber niemals 1:1 adaptieren, sondern sie lediglich als Informations- und Inspirationsquelle sehen. Je individueller Sie Ihre Werte innerhalb der Value Proposition definieren, desto authentischer wirken sie.

Zusätzlich kann auch hier eine regelmäßige Mitarbeiterbefragung aufschlussreich sein. Warum arbeiten Sie noch bei uns? Was fehlt Ihnen vielleicht?

2.1.5 Die Werte der Value Proposition richtig vermitteln

Die Value Proposition bleibt leere Theorie, solange es Firmen nicht gelingt, sie richtig zu vermitteln. Die ermittelten Werte müssen proaktiv gelebt und auch in das Unternehmen getragen werden. Es nützt Ihnen wenig, wenn Sie neuen Kandidaten eine Liste mit Werten und Stärken vorlegen und bestehende Mitarbeiter davon noch nie etwas gehört haben. Was bedeutet es ganz konkret, dass Sie sich im Bereich der Gesundheitsförderung engagieren und woran machen Sie es fest, dass es in Ihrem Unternehmen sichere Arbeitsplätze gibt? Auch wenn es sich um Tatsachen handelt, müssen diese immer wieder kommuniziert werden. Nur dann werden sie von Ihren Mitarbeitern auch nach außen, in den Freundes- und Kollegenkreis getragen.

2.2 Dem Trend folgen: Das grüne Unternehmen

Das Bewusstsein für Nachhaltigkeit ist längst mitten in der Gesellschaft ange-kommen. Ein Spiegel dafür ist allein die Produktauswahl im Einzelhandel. Die Regale mit veganen, nachhaltigen, plastikfreien Lebensmitteln wachsen – gemein-sam mit den Preisen, die Verbraucher gerne dafür ausgeben. Dieser Trend allein ist ein Beweis dafür, welchen Wert die Generation auf Faktoren wie Umweltbe-wusstsein und ein Management legt, das im Einklang mit Mensch und Umwelt steht.

Als Themen wie Klima- und Umweltschutz zum ersten Mal auf der Agenda von mittelständischen Unternehmen standen, wurden sie vielfach zunächst als Kostenfaktor angesehen. Alle Glühbirnen gegen LED austauschen? Firmenwagen umsatteln? Recyclingpapier kaufen oder ganz papierlos werden? Der ROI war hier noch nicht klar erkennbar.

Allein durch die globale ökologische Entwicklung muss der Umweltschutz heute ein fester Bestandteil der Unternehmenskultur sein. Eine ganze Genera-tion – darunter auch die High Potentials von morgen – geht auf die Straße und fordert von der Politik, mehr Verantwortung zu übernehmen. Da dürfen die Mittelständler nicht die Jalousien runterziehen und vor dem Thema die Augen verschließen. Vor allem die jungen Arbeitnehmer, die frisch von der Uni oder aus ihrem Auslandsjahr kommen, erwarten, dass Nachhaltigkeit ein aktiver Part in der Unternehmenskultur ist. Es kann sogar das ausschlaggebende Argument für – oder eben auch gegen – die Unterschrift unter dem Arbeitsvertrag sein.

2.2.1 Nachhaltigkeit versus Ökonomie: Was machen wir denn nun?

Es war bis zu diesem Punkt eine undiskutierbare Tatsache, dass Unternehmen Gewinne machen wollen und die Rentabilität von Maßnahmen oberste Priorität hatte. So wurde es bereits im Studium in der „Einführung in die Betriebswirt-schaftslehre" vom Dozenten gelehrt. Man schaute auf den ROI und traf anhand der roten oder schwarzen Zahlen seine Entscheidung.

Nun aber stehen die Themen Umweltschutz, Ökologie und Nachhaltigkeit auf der Agenda und es will nicht so recht gelingen, diese in Einklang mit den wirtschaftlichen Zielen zu bringen. Die Umstellung von ökonomischen auf öko-logische Grundsätze ist zunächst ein Kostenfaktor, der auf den ersten Blick nicht mit den Zielen im Einklang steht, sein Kapital zu erhöhen. Wie kann es also nun gelingen, beides zu vereinen? Durch einen Perspektivwechsel.

Moderne mittelständische Unternehmen dürfen sich heute nicht mehr allein als Gewinnmaximierer betrachten. Das wäre insbesondere auch im Hinblick auf das Employer Branding viel zu kurz gedacht. Neuste Ansätze zeigen, dass der Gewinn langfristig nicht immer an erster Stelle stehen muss. Wenn das Bewusstsein für Ökologie im Unternehmen angekommen ist – und zwar nicht nur als interner Faktor zur Mitarbeitergewinnung, sondern auch in der globalen Relevanz – dann werden ökologische und ökonomische Ziele plötzlich kein Widerspruch mehr sein. Die gute Nachricht lautet: Wer ökologischen Zielen eine hohe Priorität einräumt, kann damit am Ende sogar mehr Gewinne erzielen.

Schwarze Zahlen sind heute längst nicht mehr nur der alleinige Erfolgsfaktor in modernen, mittelständischen Betrieben. Der Klimawandel, die Digitalisierung und die Globalisierung haben massiven Einfluss auf jede Form des Wirtschaftens, was auch die Unternehmenspolitik zum Umdenken herausfordert.

Wenn Kunden zunehmend gegen Produkte mit Palmöl und Plastikverpackung protestieren und deren Kauf boykottieren, blüht dies auch den Unternehmen. Junge Arbeitnehmer, Absolventen und High Potentials gucken nicht mehr nur auf die Zahl, die vor dem Euro-Zeichen im Arbeitsvertrag steht. Sie hinterfragen Faktoren wie die nachhaltige Ausrichtung und möchten darauf eine klare Antwort bekommen. Ein zukunftsfähiges Unternehmen muss beide Aspekte im Blick haben. Man könnte fast sagen, mittelständische Unternehmen können es sich heute nicht mehr leisten, auf nachhaltige Aspekte zu verzichten. Sie können sich damit reale Wettbewerbsvorteile sichern und vor allem auch die Mitarbeiter langfristig binden, denen Umweltbewusstsein in ihrem Alltag wichtig ist. Kein Mitarbeiter wird langfristig in einem Unternehmen arbeiten, das zuhauf Einwegbecher in der Kantine und in der Kaffeeküche ausgibt, wenn er zuhause derweil nur noch auf Second-Hand-Möbeln aus recycelten Materialien sitzt.

2.2.2 Welche Vorteile hat eine nachhaltige Unternehmensausrichtung im Employer Branding?

Nachhaltige Firmen stehen nicht nur bei Verbrauchern, sondern auch auf dem Arbeitsmarkt hoch im Kurs. Mittelständler können dadurch erheblich ihr Image stärken und ihre nachhaltigen Bemühungen zum Marketinginstrument machen. Teilen Sie die gemeinsame Aktion, Bäume zu pflanzen oder posten Sie ein Bild des Pandabären, von dem Sie eine Patenschaft übernommen haben. Solche Aktionen fallen auf und bleiben langfristig im Gedächtnis. Auch Kunden und Geschäftspartner werden durch solche Aktionen erreicht. Investoren setzen auf Partner, die zukunftsorientiert denken und nachhaltig handeln. Wer diesen Zug verpasst, geht das hohe Risiko ein, sehr schnell Plätze gegenüber der Konkurrenz zu verlieren und weder als Arbeitgeber noch als Geschäftspartner interessant zu bleiben.

2.2.3 Wie kann ein Unternehmen nachhaltig werden?

Es reicht natürlich nicht aus, einfach in die Unternehmensvorstellung auf der Webseite zu schreiben „Wir sind ein nachhaltiges Unternehmen." Diese Haltung muss bis ins Innerste des Unternehmens vordringen und vom Pförtner bis zum Geschäftsführer aktiv gelebt werden. Es geht nur Schritt für Schritt. Um ein Unternehmen auf Nachhaltigkeit und Umweltbewusstsein umzustellen, gibt es viele Stellschrauben. Einen Auszug davon stellen wir Ihnen im Folgenden vor, wobei die nachfolgende Liste keinen Anspruch auf Vollständigkeit erhebt.

Mobilität

* *Elektroautos*
  Haben Ihre Mitarbeiter Firmenwagen? Dann können Sie den Fuhrpark schrittweise auf Elektro-Fahrzeuge umstellen.
* *Fahrrad statt Auto*
  Erlaubt es der Anfahrtsweg, dann motivieren Sie Ihre Mitarbeiter dazu, mit dem Fahrrad statt mit dem Auto oder wenigstens mit öffentlichen Verkehrsmitteln zur Arbeit zu kommen. Dienstfahrräder fördern im Übrigen auch die Gesundheit der Mitarbeiter.
* *Auf Fliegen verzichten*
  Mit dem Flugzeug zu reisen, ist die denkbar schlimmste ökologische Katastrophe, die man sich vorstellen kann. Oftmals sind insbesondere Kurzstreckenflüge vermeidbar. Im Zuge der Digitalisierung lohnt es sich darüber nachzudenken, ob Meetings nicht auch virtuell veranstaltet werden können. Die persönliche CO_2-Bilanz Ihrer Firma würde es Ihnen danken. Sollte sich ein Flug nicht vermeiden lassen, dann können Sie zum Beispiel über Anbieter wie atmosfair klimabewusst fliegen. Dieser Anbieter kompensiert Treibhausgase durch erneuerbare Energien.

Büro

* *Second-Hand-Büromöbel*
  Warum immer alles neu kaufen? Second-Hand-Möbel müssen keine übertriebene Sparmaßnahme sein, sondern sollten im Zuge der ökologischen Ausrichtung gedacht werden.

- *Papierloses Büro*
  Es ist – mit wenigen Ausnahmen – heute kaum noch nötig, alles auf Papier auszudrucken. Rechnungen können per Mail verschickt und auch die Agenda für das nächste Meeting kann sich der Teilnehmer bequem auf sein Smartphone laden. Sollte dennoch mal ein Ausdruck nötig sein, dann auf Recycling-Papier.
- *Plastikfreie Büromaterialien*
  Es gibt mittlerweile zahlreiche Anbieter (z. B. memo.de oder greenpicks.de), die nachhaltige Büromaterialien anbieten. Hier wird mit Recyclingpapier und mit recycelten Kunststoffen gehandelt.
- *Auf Qualität achten*
  Es ist eine uralte Weisheit: „Wer billig kauft, kauft doppelt". Um wegzukommen von der Wegschmeiß-Kultur sollten Sie von vornherein darauf achten, dass Sie qualitative Büromaterialien und Werkzeuge einkaufen.
- *Zu Ökostrom wechseln*
  Noch mehr als in privaten Haushalten macht sich die Nutzung von Ökostrom in mittelständischen Betrieben bemerkbar. Oftmals sind die Anbieter gar nicht sehr viel teurer, dafür aber nachhaltiger. Sie setzen auf Wind- und Wasserkraft oder beziehen Energien aus Solarkraft.

Mitarbeiter

- *Betriebskleidung anpassen*
  Tragen Ihre Mitarbeiter Arbeits- bzw. Betriebsbekleidung? Dann lohnt sich eine Umstellung auf Bio-Baumwolle oder Kleidung aus recycelten Materialien.
- *Rechner ausschalten*
  Schaffen Sie bei den Mitarbeitern ein Bewusstsein, wie wichtig es ist, die Rechner richtig auszumachen. Auch wenn moderne Geräte über Jahre im Stand-by-Modus laufen können – auf Ihrer Stromrechnung macht sich das definitiv bemerkbar.
- *Leitungswasser anbieten*
  Dieses kann zum Beispiel auch mit CO2-Flaschen aufgesprudelt werden und braucht dann nicht in Plastikflaschen umgefüllt zu werden.
- *Weiterbildungen im Bereich Umweltbewusstsein*
  Sich gemeinsam für ein Ziel engagieren. Fördern können Sie ein solches gemeinschaftliches Ziel unter anderem durch Weiterbildungen im Bereich Umweltschutz. Sie sensibilisieren Ihre Mitarbeiter dafür, auch in Ihrem Alltag auf die kleinen Dinge zu achten und sich ihren Kaffee zum Beispiel in den Mehrwegbecher zu füllen. Als Wissensträger lassen sich Mitarbeiter schnell für das Umweltbewusstsein begeistern und sind stolz darauf, Teil einer Nachhaltigkeitsstrategie zu sein.

Projekte
Unterstützen Sie umweltfreundliche Projekte, engagieren Sie sich, unternehmen Sie Incentives, die einem guten Zweck dienen. So etwas stärkt enorm den internen Zusammenhalt und auch die Identifikation mit der Firma. Zudem haben Sie den tollen Effekt, dass die Marketingabteilung über diese Projekte berichten und dadurch zum Beispiel auch bei potenziellen neuen Arbeitnehmern Aufmerksamkeit gewinnen kann.

All diese Maßnahmen müssen authentisch in die Unternehmenskultur integriert werden. Einzelmaßnahmen verpuffen schnell, sondern müssen stattdessen in einen Gesamtkontext integriert werden. Mitarbeiter, Kunden und Geschäftspartner sehen genau hin.

2.3 Auf Corporate Influencer setzen

Influencer sind das große Thema der Gesellschaft im 21. Jahrhundert. Sie prägen maßgeblich Meinungen und sind in der Lage, den Geschmack und den Konsum einer ganzen Generation zu verändern. Instagram-Profile mit vielen Followern sind prädestiniert dafür, Anhänger zu finden, denen sie Produkte präsentieren und die dann – nahezu unabhängig von ihrer Qualität – massenhaft gekauft werden. Verrückt irgendwie.

Genau dieses Phänomen können Sie aber im Employer Branding sinnvoll für sich nutzen. Corporate Influencer sind dabei aber keine Verrückten, die mit schillernden Kleidern durch die Firma laufen und ihre Meinungen kundtun. Vielmehr handelt es sich bei den Corporate Influencern um ganz normale, aber vor allem zufriedene Mitarbeiter, die sich mit ihrem Arbeitgeber gerne identifizieren. Sie teilen ihre positiven Erfahrungen mit ihrem Unternehmen im Freundeskreis, tragen die Firmenbekleidung auch in der Freizeit oder berichten von ihren positiven Erfahrungen in den sozialen Netzwerken und gewähren damit anderen authentische Einblicke.

2.3.1 Was ist der Vorteil von Corporate-Influencer-Programmen?

Wenn Inhalte unter einem offiziellen Unternehmensaccount gepostet werden, haben sie nicht die gleiche Stärke und Kraft wie Posts, die direkt von einem Mitarbeiter kommen. Denn wie ein Geschäftsführer sein Unternehmen und die

Qualität der Arbeitsplätze bewertet, sagt noch nichts darüber aus, welche Perspektive ein Mitarbeiter hat. Content, der anonym vom Unternehmen gepostet wird, wirkt eher abstrakt und unpersönlich.

Ein Corporate-Influencer-Programm ins Leben zu rufen, macht sich sowohl intern als auch nach außen positiv bemerkbar. Mitarbeiter bekommen eine Stimme und fühlen sich damit wertgeschätzt. Außerdem ist es auch ein sehr großer Vertrauensbonus, wenn sie die Gelegenheit bekommen, sich öffentlich über ihre Arbeit bzw. ihren Arbeitsplatz zu äußern. Dadurch werden solche Programme auch zu einem wichtigen Instrument der Mitarbeiterbindung.

Ein zweiter positiver Effekt ist die enorme Aufmerksamkeit, die solche Accounts oftmals generieren. Die Zielgruppe, die sich für Arbeitsplätze in dieser Branche interessiert, wird mit Spannung verfolgen, was ihre möglichen neuen Teamkollegen zu sagen haben.

Sie schaffen mit solchen Programmen sehr viel Transparenz. Nach außen kommunizieren Sie damit implizit, wie sehr Sie Ihren Mitarbeitern vertrauen und schaffen den lebendigen Beweis Ihrer vertrauensbasierten Unternehmenskultur.

2.3.2 Gibt es in mittelständischen Unternehmen überhaupt Kapazitäten dafür?

Während es in großen Konzernen zweifelsohne mehr verfügbare Kapazitäten zum Beispiel für Social Media & Co. gibt, können auch Mittelständler in diesem Bereich Freiräume schaffen. Es reichen schon ein oder zwei Mitarbeiter aus, die fit sind in den sozialen Netzwerken und Lust darauf haben, regelmäßig mal einen kleinen Einblick in ihren Alltag zu gewähren. Manchmal reicht schon ein Foto im Teammeeting mit der frischen Obstschale in der Mitte aus und es müssen keine aufwendigen Texte verfasst werden.

2.3.3 Ein Corporate-Influencer-Programm im eigenen Unternehmen integrieren

Vorab: Um einen Mitarbeiter zu einem Corporate Influencer zu machen, braucht es sehr viel Vertrauen. Erfahrungsgemäß gehen Mitarbeiter aber sehr verantwortungsbewusst mit ihrer Rolle um. Trotzdem sollte es immer auch Guidelines geben, an denen sich die Influencer orientieren müssen. Große Konzerne wie Telekom oder Bayer machen es vor und setzen auch dabei voll auf Transparenz. Jeder kann diese Regeln öffentlich einsehen, in denen zum Beispiel festgehalten ist, dass Mitarbeiter „wie im echten Leben" kommunizieren sollten. In solchen Regelungen sollte auch festgehalten werden, dass öffentliche Postings niemals die Privatsphäre von anderen verletzen dürfen. Ohnehin hat doch niemand etwas davon, Herrn Mayer bei der Betriebsfeier in der Ecke liegen zu sehen. Sie sollten die Influencer auch darauf vorbereiten, dass ein Beitrag negative Kommentare auf sich ziehen kann. Geben Sie gleich Hilfestellungen an die Hand, wie mit solchen Kommentaren umgegangen werden kann.

Ein Corporate-Influencer-Programm kann nur dann etabliert werden, wenn es eine Vertrauenskultur im Unternehmen gibt. Es geht am Ziel vorbei, wenn Sie nur einen Account mit einem Gesicht einrichten und dann die Inhalte vorgeben. Authentizität und Ehrlichkeit sind bei solchen Programmen zwingende Voraussetzung.

Nachdem diese Vorüberlegungen klar sind, gilt es nun, geeignete Mitarbeiter als Corporate Influencer auszuwählen. Fragen Sie, wer überhaupt ein Interesse hat, an so einem Programm mitzumachen. Mitarbeiter, die unzufrieden sind und sich ohnehin schon mit dem Wunsch tragen, das Unternehmen zu verlassen, werden jetzt nicht die Hand heben. In der Regel engagieren sich nur diejenigen Mitarbeiter bei solchen Programmen, die stolz darauf sind, Teil des Unternehmens zu sein.

Erklären Sie den Interessierten, was Sie vorhaben und welches Ziel Sie damit verfolgen. Je besser der Sinn dieser Maßnahme erklärt wird, desto besser kann es von den Mitarbeitern auch verfolgt werden. Auch Schulungen zum Beispiel im Bereich der einzelnen Social-Media-Plattformen können helfen, die Plattformen und ihre Kommunikationsregeln besser zu verstehen. So kommuniziert man auf LinkedIn beispielsweise ganz anders als auf Facebook oder Instagram. Selbst wenn jeder schon seine privaten Erfahrungen mit diesen Plattformen gemacht hat, kann doch ein professioneller Blick helfen, den Account besser zu nutzen.

Entscheiden Sie gemeinsam mit den Corporate Influencern, welche Plattformen genutzt werden sollen, legen Sie Regeln fest und dann kann es auch schon losgehen. Wer einmal einen Eindruck von solchen Mitarbeiter-Accounts bekommen möchte, der kann beispielsweise bei dem Konzern OTTO nachschauen.

Auch die Telekom hat ein eigenes Botschafterprogramm ins Leben gerufen. Unter dem Hashtag #werkstolz berichten Mitarbeiter täglich von ihrer Arbeit. Bei dieser Initiative geht es speziell darum, neue KollegInnen zu gewinnen und sie zu einer Bewerbung im Unternehmen zu motivieren.

2.3.4   Ist es nicht gefährlich, Mitarbeitern eine öffentliche Plattform zu geben?

„Gefährlich" ist es eher, Mitarbeitern keinen Raum für die Meinungsäußerung zu geben. Negative Meinungen können Sie weitgehend aus der Öffentlichkeit fernhalten, indem sie Mitarbeitern bei anonymen Befragungen die Möglichkeit geben, Dampf abzulassen. Wenn Sie Mitarbeiter als Corporate Influencer gezielt auswählen und zudem ein paar Verhaltensregeln festlegen, dann bringen Sie Ihnen Wertschätzung und Vertrauen entgegen. Das dürfte nur in den seltensten Fällen wirklich ausgenutzt werden.

2.3.5   Corporate Influencer für das Recruiting einsetzen

Nicht nur im Hinblick auf das Employer Branding, sondern auch im Hinblick auf das Recruiting spielen Corporate Influencer als Botschafter auch im Personalmarketing eine wichtige Rolle. Insbesondere dann, wenn sehr schnell offene Stellen besetzt werden müssen, können die Influencer einen wichtigen Beitrag leisten. Sie schaffen Reichweite, wecken Neugierde und reduzieren dadurch auch die Recruitingkosten.

Maßnahmen und Strategien im Employer Branding

3

Es ist bis hierhin klar geworden, dass sich Unternehmen im War of Talents vor allem als Arbeitgeber attraktiv präsentieren müssen. Finanzielle Anreize reichen dabei längst nicht mehr aus. Um sich als mittelständisches Unternehmen als attraktiver Arbeitgeber zu präsentieren, unterscheidet man zwischen einem internen und einem externen Employer Branding.

3.1 Internes Employer Branding

Bevor eine (neue) Unternehmenskultur nach außen kommuniziert werden kann, muss sie innerhalb des Unternehmens etabliert sein. Daher beginnt ein strukturierter Employer-Branding-Prozess auch niemals damit, über werbewirksame Kampagnen ein neues Unternehmensleitbild vorzustellen. Erst wenn dieses bei jedem Mitarbeiter fest etabliert ist, dann können auch externe Maßnahmen erfolgen. Das interne Employer Branding hat zum Ziel, dass Mitarbeiter produktiver und effizienter arbeiten und sich auch mit Freude mit ihrem Arbeitsplatz identifizieren. Dafür sind verschiedene Maßnahmen denkbar und sinnvoll.

3.1.1 Personalmarketing und Personalmanagement

Instrumente im Personalmarketing können dabei helfen, gezielt qualifizierte Fachkräfte, junge Absolventen und High Potentials an das Unternehmen heranzuführen. Wie bereits in den vorherigen Kapiteln erwähnt, reicht es nicht mehr aus, mit einem guten Gehalt oder einem Firmenwagen zu punkten. Wesentlich höher bewertet wird die Identifikation mit der unternehmerischen Leitkultur und der Firmenphilosophie. Der Weg zur erfolgreichen Personalbeschaffung führt über die

© Der/die Autor(en), exklusiv lizenziert an Springer Fachmedien Wiesbaden GmbH, ein Teil von Springer Nature 2022
V. Sünderhauf, *Employer Branding für KMUs*, essentials,
https://doi.org/10.1007/978-3-658-38853-9_3

Steigerung der Arbeitgeberattraktivität. Das Personalmarketing muss auch in die Richtung neu gedacht werden, dass es nicht nur darum geht, neue Mitarbeiter zu gewinnen, sondern die bereits gewonnenen auch zum Bleiben zu überzeugen. Im Marketing geht es allgemein darum, ein Produkt auf den Markt zu bringen und dieses bei der Zielgruppe zu vermarkten. Im Personalmarketing ist dieses Produkt im Speziellen das Unternehmen selbst. Die Employer-Branding-Strategie hat hier die wichtige Aufgabe, alle Instrumente des Personalmarketings miteinander zu verzahnen.

Karriereseite auf der Firmenhomepage
Die Instrumente im Personalmarketing sind vielseitig. Es beginnt bereits mit der Gestaltung einer ansprechenden und informativen Internetpräsenz, auf der sich das Unternehmen als zukunftsfähiger Arbeitgeber präsentiert. Die Karriere-Webseite ist weitaus mehr als nur der Ort, an dem die vakanten Stellen veröffentlicht werden. Hier muss ein spannender Einblick in das Unternehmen gewährt werden, zum Beispiel mit Employer-Branding-Videos oder Verlinkungen zu den Social Media Accounts Ihrer Corporate Influencer. Die Karriereseite ist der zentrale Anlaufpunkt für alle, die zum Beispiel auf Jobmessen oder über Freunde von offenen Stellen in Ihrem Unternehmen erfahren haben. Hier ist also der Ort, der eine Einladung aussprechen muss, sich zu bewerben.

Zusätzliche Bildungsangebote
Bildungs- und Weiterbildungsmöglichkeiten sind sowohl für bestehende als auch für potenzielle Mitarbeiter ein ausschlaggebendes Argument. Qualifikationen sind die Währung auf dem Arbeitsmarkt. Wer solche Angebote nicht schafft, läuft Gefahr, den Mitarbeiter an einen Mitbewerber zu verlieren, der diesen Bedarf erkannt hat.

Incentives schaffen Zusammenhalt
Das Ziel sollte es in jedem mittelständischen Betrieb sein, nicht Einzelkämpfer zu beschäftigen, sondern ein Team zu schaffen, in dem sich alle gegenseitig in ihren Stärken ergänzen. Ein solcher Zusammenhalt wird unter anderem durch regelmäßige Incentives geschaffen. Auch dafür gibt es mittlerweile moderne Konzepte von Strandolympiaden über den Bau von Flugobjekten bis zu GPS Rallyes oder gemeinsamem Gardening. Solche Projekte bleiben nachhaltig in Erinnerung, schaffen Identifikation.

Job-Rotation

Dort, wo es möglich ist, hilft eine Job-Rotation gegen Monotonie und Langeweile. Jeder kennt das Gefühl, irgendwann einen Tunnelblick im eigenen Aufgabenbereich zu haben und nicht mehr über den Tellerrand hinausblicken zu können. Die Job-Rotation ist ein Instrument, bei dem Arbeitnehmern ein temporärer Arbeitsplatzwechsel ermöglicht wird. Mitarbeiter können dabei zeitweise und flexibel auf eine Stelle mit einem höheren Anforderungsprofil gesetzt werden, damit sie vor neuen Herausforderungen stehen und sich weiterentwickeln können. Man spricht hier vom Job Enrichment. Dasselbe funktioniert auch in die entgegengesetzte Richtung, wenn Mitarbeiter nach Zeiten hoher Arbeitsbelastung ein wenig runterfahren können (Job Enlargement). Die Vorteile liegen klar auf der Hand. Mitarbeiter bekommen neue Perspektiven zum Beispiel aus anderen Abteilungen. Durch den personellen Austausch wird zudem das WIR-Gefühl innerhalb des gesamten Unternehmens gefördert. Mitarbeiter gewinnen neue Kompetenzen und gewinnen ein umfassenderes Verständnis für andere Abteilungen und Fachbereiche. Fehlendes Know-how wird durch die Kollegen vermittelt.

Candidate Experience

Die Candidate Experience, also die Erfahrung, die Bewerber im Bewerbungsprozess machen, ist eines der wesentlichen Instrumente im Personalmarketing. Werden hier schon Steine durch überlastete Formulare und aufwendige Bewerbungsverfahren gelegt, stehen die Chancen gut, möglichst viele Bewerber schon im Voraus wieder zu verschrecken. Wer qualifiziertes Personal gewinnen möchte, der gestaltet den Bewerbungsprozess so angenehm wie möglich. Die Gestaltung des Bewerbungsprozesses lässt für die Kandidaten intensive Rückschlüsse darauf zu, wie das Unternehmen selbst agiert und wie später auch die Arbeitsweise gestaltet ist.

Talent Pools

Talent Pools sind Datenbanken, in denen die Kontakte von Kandidaten gespeichert werden, die auch für das eigene Unternehmen interessant sein oder werden können. Personaler halten mit diesen Kandidaten regelmäßig Kontakt in der Hoffnung, sie irgendwann für das eigene Unternehmen gewinnen zu können. Sie können zum Beispiel immer dann Kontakt aufnehmen, wenn es etwas Neues im Unternehmen gibt oder Einladungen zu Firmenevents aussprechen. Vielleicht wird darüber irgendwann der entscheidende Impuls geschaffen, dass sich ein umkämpfter Kandidat für das eigene Unternehmen entscheidet.

Talent Management

Talentierte Mitarbeiter binden, neue Talente finden: Beides sind wichtige Ziele im Employer Branding in mittelständischen Unternehmen. Um diesem Ziel näher zu kommen, müssen Sie Überlegungen anstellen, was Sie Talenten eigentlich langfristig über das Gehalt hinaus bieten können. Weiterbildungsmöglichkeiten wurden bereits mehrfach genannt und sind auch im Bereich des Talent Managements ein unverzichtbarer Baustein. Wie wichtig das Talent Management ist, zeigt diese McKinsey-Studie:

Hinter jedem Angestellten steht ein Mensch mit realen Bedürfnissen. Zu diesen Bedürfnissen gehört es, sich persönlich und auch fachlich weiterentwickeln zu können. Beim Talent Management geht es darum, leistungsstarke Mitarbeiter zu motivieren, weiterzuentwickeln und sie damit auch dauerhaft an das eigene Unternehmen zu binden.

Diese Maßnahme im Employer Branding bezieht sich im Speziellen auf die Leistungsträger im Unternehmen. Oftmals wird Unzufriedenheit unter diesen Persönlichkeiten im Unternehmen erst dann erkannt, wenn die Kündigung auf dem Tisch liegt. Um rechtzeitig zu reagieren, sollten insbesondere mit den Talenten Feedback- und auch Exit-Gespräche geführt werden.

Die Förderung und Bindung von talentierten Mitarbeitern ist die zentrale Aufgabe des Talent Managements. Geben Sie diesen Mitarbeitern schnell Verantwortung in die Hand, schaffen Sie Möglichkeiten zur Qualifizierung oder richten Sie Mentoring-Programme ein.

Talent Management hat viele positive Facetten. Durch die Förderung der Leistung der Besten können Firmen insgesamt ihre eigene Leistung optimieren. Top-Mitarbeiter sind der Motor in jedem Unternehmen und machen es wettbewerbsfähig. Sie sind Innovationstreiber und motivieren auch andere Mitarbeiter durch ihr gutes Vorbild, sich auch zu engagieren und sich weiterzuentwickeln. Ein vorbildliches Talent Management ist aus unserer Sicht ein unverzichtbarer Teil jeder Employer-Branding-Strategie. Nicht zuletzt vermeidet es vor allem Fluktuation.

Es gibt kein standardisiertes Modell für das Talent Management. Diese muss jedes Unternehmen für sich selbst entwickeln. Die einen setzen darauf, nur Top-Kandidaten einzustellen, die sofort Bestleistungen erbringen und das Unternehmen zu einem schnellen Wachstum führen können. Die anderen setzen in ihrer Recruitingstrategie auf vielversprechende Spezialisten, die mit dem richtigen Talent Management schnell an ihren Aufgaben wachsen. Es spricht darüber hinaus nichts dagegen, eine Kombination aus beidem anzustreben.

Mitarbeitermotivation steigern

Man unterscheidet zwei Arten der Mitarbeitermotivation. Die eine Seite wird ausgelöst durch sogenannte extrinsische Impulse, also äußere Anreize wie die Vergütung. Die Employer-Branding-Strategie zielt in erster Linie auf die intrinsischen Impulse, also auf die innere Motivation der Mitarbeiter, für genau dieses Unternehmen tätig zu werden.

Die Mitarbeitermotivation können mittelständische Unternehmen auf sehr vielseitige Art und Weise steigern. Ein gutes Betriebsklima und ein lockerer, kommunikativer Führungsstil gehören zu diesen Faktoren. Auch Lob und Anerkennung dürfen nicht vergessen werden. Früher herrschte die Meinung vor, das Gehalt müsse Anerkennung genug sein. Wer sich den Veränderungen des Arbeitsmarktes aber anpassen will, der sollte eine Kultur der gegenseitigen Wertschätzung leben. Wichtig in diesem Zusammenhang ist die Einführung regelmäßiger Feedbackgespräche in beide Richtungen.

Work-Life-Balance

Eine Work-Life-Balance zu ermöglichen, ist schon lange kein Trend mehr auf dem Arbeitsmarkt, sondern fast schon eine Erwartungshaltung bei zukünftigen Mitarbeitern. Moderne Arbeitgeber schaffen es, Arbeitsleben und Privatleben miteinander zu verzahnen. In Zeiten, in denen fast jeder Mitarbeiter ständig erreichbar ist, am Abend auf der Couch noch einmal seine Mails checkt oder selbst im Urlaub schnell eine Präsentation erstellt, können diese beiden Lebensbereiche nicht mehr streng voneinander abgegrenzt werden.

Es muss heute – sowohl für Männer als auch für Frauen – möglich sein, Familien zu gründen, ohne dabei weitreichende, negative Auswirkungen auf die Karriere befürchten zu müssen. Ein Mitarbeiter, der nicht immer einen Spagat zwischen Arbeits- und Privatleben hinlegen muss, ist ausgeglichener, wird weniger krank und bleibt dem Unternehmen unter Umständen länger erhalten.

Eine Work-Life-Balance reduziert die negativen Auswirkungen von Dauerstress und damit verbundenen seelischen und körperlichen Erkrankungen.

Geeignete Maßnahmen im Unternehmen, um die Mitarbeitermotivation zu steigern, können sein:

- *Coachings für ein besseres Selbstmanagement*
  Viele Menschen wissen nicht, wie sie sich selbst besser organisieren können, um Stress und Zeitdruck zu vermeiden. Auch Entspannungskurse bieten sich an, um einen Ausgleich zu Stresssituationen auf der Arbeit zu bekommen.
- *Sportangebote*

Insbesondere bei Mitarbeitern, die sehr viel Zeit im Büro verbringen, ist ein sportlicher Ausgleich enorm wichtig. Bewegung baut Stresshormone ab und kann auch noch den Zusammenhalt innerhalb des Teams stärken. In jeder größeren Stadt werden regelmäßig Events ins Leben gerufen, bei denen Unternehmen Sportteams aufstellen können, die gegeneinander antreten. Hier sollte Ihr Unternehmen in jedem Fall auf der Liste der Teilnehmer stehen.

* *Flexible Arbeitsmodelle*
  Die Kita schließt um 16:30 Uhr, aber die Präsenzzeit im Büro ist auf 16:00 Uhr festgesetzt. Jetzt kommt es auf den Stadtverkehr an in der Frage: Schaffe ich es noch rechtzeitig oder ist mein Kind wieder jenes, das zu spät abgeholt wird? Starre Arbeitszeiten – die mit Verlaub in vielen Unternehmen auch kaum noch Sinn machen – führen zu Stress bei Arbeitnehmern. Schaffen Sie stattdessen die Möglichkeit zur flexiblen Arbeitszeit.

3.1.2 Ausbildungsmarketing

Die Auszubildenden heute sind die Fach- und Führungskräfte von morgen. Wer also langfristig den Unternehmensbestand sichern möchte, sollte daher auch und vor allem den Nachwuchs in das Employer Branding mit einbeziehen. Zeigen Sie, was Ihren Betrieb als Ausbildungsbetrieb auszeichnet. Wie unterstützen Sie junge Menschen? Welche Karrierechancen gibt es im Unternehmen? Kommunizieren Sie dies auch an ältere Mitarbeiter, denn jeder hat einen Neffen, einen Bekannten oder vielleicht ein eigenes Kind, das aktuell eine Lehrstelle sucht.

Ist der Azubi gewonnen, geht es auch darum, ihm kontinuierlich Anreize dafür zu schaffen, um zu bleiben. Wer Spaß bei der Arbeit hat und schnell erste Erfolge mit seinem Engagement erzielt, ist motiviert, weiterzumachen. Motivation spielt gerade bei jungen Menschen eine wichtige Rolle.

3.1.3 Arbeitgebervertrag

Sie können noch so erfolgreich im Recruiting sein: Wenn Sie den gewonnenen Kandidaten am Ende Knebelverträge unter die Nase halten, dann ist auch schon wieder alles verloren. Der Arbeitsvertrag ist eine Art Visitenkarte Ihres Unternehmens. Er spiegelt die Erwartungen wider, die Sie an Ihren neuen Mitarbeiter stellen und auch das, was Sie bereit sind, dafür zu geben.

In der Praxis stellt der Arbeitsvertrag oftmals eine große Diskrepanz zwischen dem her, was BewerberInnen vorab vom Unternehmen gezeigt wurde und dem, wie es nun Schwarz auf Weiß formuliert wird. Doch was ist ein guter Arbeitsvertrag?

In erster Linie ist er natürlich rechtssicher und klärt sämtliche vertraglichen Fragen sehr eindeutig. Berücksichtigt werden sollte im Arbeitsvertrag auch, ob es sich um eine Duz- oder Siez-Kultur im Unternehmen handelt. Es passt nicht, wenn der Geschäftsführer vom Azubi geduzt wird, im Vertrag aber mit „Sie" angesprochen wird. Berücksichtigen Sie bei der Gestaltung auch die sprachliche weibliche Form der ArbeitnehmerIn, um nicht neue Mitarbeiterinnen schon vor dem Beginn des Arbeitsverhältnisses auszuschließen.

In erster Linie bleibt der Arbeitsvertrag, was er ist: Er regelt die rechtlichen Belange, die aus einem Arbeitsverhältnis heraus entstehen. Trotzdem passiert auch hier Employer Branding. Der Vertrag sollte ein ausgewogenes Verhältnis zwischen den Rechten und den Pflichten haben und sämtliche Versprechen enthalten, die in den Verhandlungen getroffen wurden. Flexible Modelle der Arbeitszeitgestaltung, Sabbaticals oder Möglichkeiten zur Vereinbarung von Familie und Arbeit können ruhig einen Platz im Arbeitsvertrag bekommen. Denken Sie daran: Wenn der Mitarbeiter den Vertrag in den Händen hält, hat er ihn noch nicht automatisch unterschrieben. Erst jetzt fällt die endgültige Entscheidung.

3.1.4 Interne Kommunikation

Eine fehlende oder unzureichende interne Kommunikationsstrategie macht sich in erster Linie dadurch bemerkbar, dass sich schnell Gerüchte verbreiten. „Hast du schon gehört, der Laden soll verkauft werden." Allein ein solches Gerücht kann eine spontane Kündigungswelle auslösen. Solchen Szenarien können Sie nur entgegenwirken, indem Sie auf eine transparente, interne Kommunikation setzen.

Gehen Sie davon aus, dass sich Ihre Mitarbeiter für das interessieren, was im Unternehmen geschieht. Wenn sie sich mit der Firma identifizieren (sollen), müssen sie wissen, was die Firma gerade bewegt, welche Entwicklungen und Zukunftspläne es gibt. Die interne Kommunikation hat einen hohen Stellenwert im Employer Branding.

Was muss eine gute und strategisch ausgerichtete, interne Kommunikation nun eigentlich leisten? Sie muss die Mitarbeiter in erster Linie darüber auf dem Laufenden halten, welche Veränderungen anstehen, welche Projekte geplant sind, und sie darf auch Themen wie einen geplanten Führungswechsel nicht außer Acht lassen. Über die internen Kanäle werden letztlich auch die Veränderungen kommuniziert, die sich durch eine Employer-Branding-Strategie eventuell ergeben.

Durch eine transparente Kommunikation fühlen sich Mitarbeiter in die Entscheidungen miteinbezogen, was sich wiederum positiv auf die Identifikation mit dem Arbeitgeber auswirkt. Interne Kommunikation muss außerdem Möglichkeiten des Austausches zwischen den Abteilungen schaffen. Schlussendlich umfasst es auch das Schaffen von Kanälen, über die Feedback und Verbesserungsvorschläge eingereicht werden können.

Strategien für eine interne Kommunikation auszuarbeiten, macht sich vor allem auch in Krisenzeiten bemerkbar. Mitarbeiter geraten nicht in Panik, wenn etwas durchsickert, sondern können darauf vertrauen, dass sie verlässliche Informationen bekommen und immer auf dem aktuellen Stand gehalten werden. Sie sind nicht auf die Informationsquelle der Gerüchteküche angewiesen, sondern erhalten alles Wichtige aus einer Hand.

Diese Möglichkeiten können geschaffen werden

- Schwarzes Brett
- Persönliche Gespräche mit Mitarbeitern
- Mitarbeiterzeitungen
- Mailverteiler
- Interner Blog
- Mailverteiler
- Apps
- Intranet

Es ist wichtig, sich für die interne Kommunikation eine Infrastruktur zu schaffen.

3.1.5 Bewerber gut behandeln

Es klingt wie eine Selbstverständlichkeit, ist es aber in der Realität nicht. Auch ehemalige Bewerber können zu Markenbotschaftern im Employer Branding werden. Sie berichten anderen von ihren Erfahrungen während des gesamten Bewerbungsprozesses und das sollten im Idealfall positive Erfahrungen sein. Auch wenn der Bewerber am Ende keinen Arbeitsvertrag unterschreibt, sollte er bis zum Schluss zuvorkommend und gut behandelt werden. Fragen Sie Wunschkandidaten, ob Sie mit ihnen in Kontakt bleiben dürfen und sie in den eigenen Talent-Pool aufnehmen dürfen.

3.1.6 Mitarbeiter als Botschafter

Mitarbeiter sind unter ihresgleichen stark vernetzt. Ein SEO-Spezialist ist mit anderen SEO-Spezialisten in Kontakt. Weil sie zusammen schon an Projekten gearbeitet haben oder vielleicht mal zusammen in einem Unternehmen tätig waren. Wenn Mitarbeiter mit ihrem Unternehmen zufrieden sind, dann tragen sie diese Zufriedenheit nach außen und noch besser genau zu den Menschen, die ebenfalls als potenzielle Mitarbeiter und High Potentials für Ihr Unternehmen infrage kommen.

3.2 Externe Maßnahmen

Wenn alle internen Maßnahmen erfolgreich umgesetzt wurden, kann es jetzt darum gehen, die Employer-Branding-Strategie auch nach außen zu tragen. Das Ziel der externen Maßnahmen ist es, das unternehmerische Image zu verbessern und die eigene Position im War of Talents zu verbessern. Externe Maßnahmen im Employer Branding erleichtern es neuen Mitarbeitern, sich schnell im Unternehmen einzufinden und ihre schnelle Leistungsentfaltung zu fördern. Durch die Instrumente der Onlinekommunikation kann es gelingen, das Unternehmen sichtbarer zu machen, dadurch mehr Initiativbewerbungen zu bekommen und die Recruitingkosten zu senken. Langfristig gedacht, sind die Maßnahmen im Bereich des externen Recruitings aber vor allem darauf ausgerichtet, das Employer Branding zu unterstützen.

3.2.1 Pressearbeit

Nicht jedes mittelständische Unternehmen hat einen Presseverantwortlichen oder gar eine eigene Presseabteilung. Eine Form der Pressearbeit sollte aber trotzdem stattfinden, denn Medienvertreter können schnell zu Multiplikatoren werden. Pressearbeit ist ein wichtiger Bestandteil des Employer Brandings, denn es geht hier um eine öffentliche Positionierung und die Erzeugung einer Erwartungshaltung bei den Zielgruppen. Auch wenn ein Pressebericht auf den ersten Blick gar nichts mit der Besetzung der Stellen im Unternehmen zu tun hat, können wichtige Recruiting- und Brandingthemen darüber transportiert werden. Neben regelmäßigen Pressemitteilungen, die zum Beispiel zu einem Nachhaltigkeitsprojekt herausgegeben werden, können auch Pressevertreter zu Unternehmensveranstaltungen eingeladen werden. Hier eignet sich zum Beispiel ein Karrieretag, zu dem Interessenten, Studenten und Absolventen eingeladen werden, um einen Blick hinter die Kulissen zu bekommen. Auch Preise für Studentenzeitungen können ausgelobt werden, um einen Zugang zu den Absolventen von morgen zu bekommen.

Pressearbeit erhöht die Wahrnehmung des Unternehmens in der Öffentlichkeit und damit auch bei qualifizierten Arbeitskräften. Zudem wird ein bestimmtes Image weitergetragen, das die Employer-Branding-Strategie abbildet.

Ein kleiner, positiver Nebeneffekt: Es erfüllt die meisten Mitarbeiter mit Stolz, wenn ihr Unternehmen in den Medien auftaucht.

3.2.2   Mediaplanung

Eng mit der Pressearbeit verbunden ist die Mediaplanung. Die Frage lautet: Über welche Kanäle kann ich die gewünschte Zielgruppe – in diesem Fall neue Mitarbeiter – erreichen? Oftmals haben Anzeigenschaltungen in Massenmedien eine hohe Reichweite, gewinnen aber kaum geeignete Bewerber. Um nicht Zeit und Budget zu verschwenden, sollte die Personalabteilung eine fundierte Mediaplanung aufstellen, bei der festgelegt wird, welche Kanäle mit welchem Zeitaufwand und welchem Budget bespielt werden. Ein wichtiger Baustein ist hier auch die Erfolgskontrolle, um eventuell Maßnahmen anpassen zu können.

3.2.3   Employer-Branding-Videos

Im Kampf um die Aufmerksamkeit von Bewerbern sind Videos ein wirkungsvolles Instrument. Die neue Generation ist mit Smartphones und Tablets aufgewachsen; für sie gehört es zur Selbstverständlichkeit, sich mal eben Infos von Youtube & Co. zu holen. Es ist nachgewiesen, dass Menschen sehr viel mehr Zeit auf einer Webseite verbringen, wenn darauf ein Video eingebunden ist. Dasselbe gilt auch für Ihre eigene Karriereseite.

Ein Employer-Branding-Video stellt eine persönliche Beziehung zu einem Bewerber her. Es wirkt mehr auf die Emotionen als jeder Text und jedes Bild und stärkt Ihre Arbeitgebermarke. Videos haben eine magnetische Wirkung. Wer das Play-Dreieck sieht, drückt drauf. Das ist eine Art Urtrieb in uns Menschen. Die Vorteile eines Employer-Branding-Videos liegen klar auf der Hand. Bewegte Bilder stärken die authentische Darstellung des Arbeitgebers. Sie können darin kleine Einblicke in Ihren unternehmerischen Alltag schaffen und damit auch implizit etwas über Ihre Unternehmenskultur, die Mitarbeiter und den Arbeitsalltag zeigen. Der Betrachter soll sich dadurch eingeladen fühlen, Teil dieser Gemeinschaft werden zu wollen.

Gute Sequenzen in solchen Employer-Branding-Videos können Mitarbeiterinterviews sein. Lassen Sie Angestellte etwas über ihr Unternehmen erzählen. Wichtig ist, dass dieses Video Emotionen transportiert. Ein Sprecher, der drei Minuten lang die Unternehmensgeschichte von der Webseite abliest, wird damit keine potenziellen Bewerber begeistern können. Bei diesen Videos geht es vielmehr darum, eine Verbindung herzustellen bei Erstkontakt mit einem Unternehmen.

Das Employer-Branding-Video können Sie später zum Beispiel in Jobbörsen, in Stellenanzeigen, in sozialen Netzwerken und auch auf Videoportalen präsentieren.

3.2.4 Stellenanzeigen schalten

Immer noch wird jede zweite Stelle über eine Stellenanzeige besetzt. Das allein zeigt die enorme Bedeutung der Stellenanzeigen nicht nur für das Recruiting, sondern auch den gesamten Employer-Branding-Prozess. Denn wie eine Stellenanzeige gestaltet ist, sagt sehr viel über das Unternehmen selbst aus.

Moderne Stellenanzeigen orientieren sich an den wichtigsten Regeln des Employer Brandings. Sie sind positiv, vermitteln eine gute Stimmung und weitaus mehr als nur die Erwartungen an den Kandidaten. In vielen Stellenportalen ist es mittlerweile möglich, kleine Filmchen bzw. Employer-Branding-Videos in die Stellenanzeige einzubauen und damit die gesamte Darstellung emotional aufzuladen.

Das Ziel der Stellenanzeige muss es im Sinne des Employer Brandings sein, dem Bewerber einen ersten Eindruck zu vermitteln, was das Unternehmen zu bieten hat. Welche Unternehmenskultur gibt es und welche Werte werden gelebt? Statt nur Erwartungen an den neuen Mitarbeiter zu kommunizieren, sollte im Vordergrund stehen, was das Unternehmen bietet. Denn genau das will der Bewerber ja gerne wissen.

3.2.5 Karriereseite aufbauen

Auch wenn das Thema Karriereseite fast am Ende dieses Essentials steht, ist sie doch das Herzstück des Employer Brandings. Alle Maßnahmen, die Sie zur Gewinnung neuer Mitarbeiter ergreifen, führen schlussendlich hierhin. Denn wenn ein Bewerber ein erstes Interesse zeigt, dann landet er hier, um sich weitere Informationen einzuholen. Daher muss dieser Auftritt sitzen.

Gestalten Sie diese Seite immer aus der Perspektive des Bewerbers. Viele Unternehmen machen noch immer den Fehler, die Seite aus der Unternehmenssicht zu schreiben. Sie erzählen von sich, ihre Geschichte, ihre Erfolge. Stattdessen sollte das Motto „Candidate First" im Vordergrund stehen. Fragen Sie sich, was neue Mitarbeiter interessieren könnte. Beantworten Sie wichtige Fragen:

- Wie sind die Einstiegsmöglichkeiten?
- Welche Karrierechancen gibt es?
- Was bietet mir das Unternehmen?
- Wie hebt es sich von anderen Arbeitgebern ab?

Möchten Sie mit einer Karriereseite gleich mehrere Zielgruppen ansprechen, dann lohnt es sich, eigene Unterseiten für jede dieser Gruppen einzurichten.

Definieren Sie unbedingt auch wichtige Kennzahlen für die Performance Ihrer Seite. Informativ ist zum Beispiel das Verhältnis zwischen den Seitenaufrufen und den tatsächlichen Kontaktanfragen. Wie lange verweilen Bewerber auf der Seite? An welcher Stelle brechen sie den Besuch ab? Diese Informationen sind sehr hilfreich, um die Karriereseite schrittweise zu optimieren und sie zu einer exzellenten Performance zu führen.

3.2.6 Employer Branding mit den sozialen Netzwerken

Die Bespielung der sozialen Netzwerke ist bei der Entwicklung der Employer-Branding-Strategie schon fast ein Muss. Insbesondere Plattformen wie LinkedIn und Xing leisten viel, wenn es um Themen wie Imagebildung und Reichweite geht. Oftmals schauen potenzielle neue Mitarbeiter hier als erstes nach und informieren sich über diese Plattformen darüber, was ein Unternehmen zu bieten hat. Ein weiterer Vorteil besteht darin, dass hier oft direkt ein Kontakt zum Geschäftsführer oder zumindest einem führenden Mitarbeiter hergestellt werden kann.

Zudem können Sie auf sozialen Netzwerkportalen ideal die Alleinstellungs-merkmale Ihrer Firma kommunizieren. Durch kompakte (oder verlinkte) Beiträge haben Sie die Möglichkeit, Ihren Expertenstatus zu betonen, was wiederum poten-zielle Geschäftspartner anlockt. Es ist hier ein direkter Austausch per Messenger möglich, wodurch eine direkte Bindung zwischen Kandidat und Unternehmen hergestellt wird. Sollten mehrere Arbeitsplatzangebote vorliegen, kann dies der ausschlaggebende Faktor sein.

Erfolgskontrolle im Employer Branding 4

Auch für das Employer Branding gibt es Kennzahlen, anhand derer Sie den Erfolg Ihrer Maßnahmen messen können. Welche KPIs Sie definieren, hängt ganz individuell von der gewählten Strategie ab. Daher geben wir an dieser Stelle nur einige Impulse für eine Erfolgskontrolle im Employer Branding.

- **Quantitative Faktoren**
  Sie können den Erfolg Ihrer Employer-Branding-Maßnahmen anhand harter Zahlen überprüfen. Das können zum Beispiel die Anzahl der Kontaktanfragen, die eingehenden Bewerbungen oder die tatsächlich unterschriebenen Arbeitsverträge sein. Auch die Kosten für die Neubesetzung offener Stellen können Sie genau verfolgen.
- **Befragungen und Außenwahrnehmung**
  Um zu überprüfen, wie sich Ihre Außenwahrnehmung verändert, können Sie kurze Befragungen initiieren. Diese können Sie zum Beispiel in den Online-Bewerbungsprozess integrieren.
- **Interne Wahrnehmung**
  Wie verändert sich die interne Wahrnehmung des Unternehmens bei den Mitarbeitern? Eine Antwort liefern Mitarbeiterbefragungen, die einen sehr detaillierten Einblick in die Innenwahrnehmung liefern.
- **Time to Interview**
  Diese Rate weist die Zeit aus, die zwischen der Ausschreibung und dem ersten Interview vergeht. Je länger diese Zeitspanne ist, desto geringer sind die Chancen, dass ein Bewerber sich für Sie entscheidet.
- **Anzahl der Klicks**
  Wenn Sie Stellen über Onlineportale ausschreiben, können Sie zum Beispiel Klickzahlen verfolgen. Wie oft wurde eine Stellenanzeige aufgerufen, wie

V. Sünderhauf, *Employer Branding für KMUs*, essentials, https://doi.org/10.1007/978-3-658-38853-9_4

oft wurde der Bewerbungsprozess gestartet, über welche Kanäle kommen die meisten Bewerbungen?

- **Abbruchraten**
  Auch die Abbruchraten haben eine starke Aussagekraft darüber, wie gut die Performance Ihrer Employer-Branding-Strategie ist. Wenn die Abbruchrate auf Ihrer Karriereseite sehr hoch ist, wissen Sie, wo Sie bei der Optimierung ansetzen wollen.

Es gibt noch eine Vielzahl weiterer KPIs, die Sie individuell in Abhängigkeit von Ihrer Employer-Branding-Strategie definieren müssen.

Beispiele aus der Praxis

Um einen Eindruck davon zu bekommen, was in Sachen Employer Branding alles möglich gemacht werden kann, ist ein Blick in die Praxis spannend. Drei Beispiele für Employer-Branding-Strategien aus dem Mittelstand.

Beispiel *codecentric AG*
Die Softwarefirma aus Solingen beschäftigt über 500 Mitarbeiter an 17 Standorten. Gegründet 2005, war dem Unternehmen schon immer ein hoher Qualitätsanspruch an die eigene Arbeit wichtig. So kam auch schon frühzeitig das Thema Employer Branding auf den Plan. Als einer der Vorreiter in diesem Bereich etablierte der Mittelständler das 4 + 1 Modell in der gesamten Firma. Das bedeutete: 4 Tage sind für die Arbeit reserviert, ein Tag für die Weiterbildung der Mitarbeiter. Der Begriff der Weiterbildung ist dabei weit gefasst. Es kann sich sowohl um die Teilnahme an einem Seminar oder auch den Austausch mit Kollegen und Kolleginnen handeln. Die codecentric AG profitiert von der Wissenserweiterung der Mitarbeiter und einer kontinuierlichen Kompetenzsteigerung. Dies schlug sich auch sehr schnell in der Erweiterung der Mitarbeiterzahlen nieder.

Beispiel *Merifond GmbH*
Die Merifond GmbH ist ebenfalls ein mittelständisches Softwareunternehmen, das die Bedeutung des Employer Brandings frühzeitig erkannt hat. Spezialisiert ist das Unternehmen auf die Entwicklung von Kundenbindungsprogrammen, aber auch die Mitarbeiterbindung wird großgeschrieben. Die Employer-Branding-Strategie setzt sich bei diesem Unternehmen aus vielen kleinen Einzelmaßnahmen zusammen. Dies beginnt bei der ergonomischen Einrichtung der Büros mit hochwertigen Stühlen und höhenverstellbaren Tischen und endet bei Spiel- und Kickertischen in den Pausenräumen. Zudem werden jährlich zwei Weihnachtsfeiern veranstaltet – eine Feier mit und eine Feier ohne die Familie.

V. Sünderhauf, *Employer Branding für KMUs*, essentials,
https://doi.org/10.1007/978-3-658-38853-9_5

Beispiel *Total Deutschland GmbH*
Total richtet den Fokus der Employer-Branding-Strategie auf die Gesundheit der Mitarbeiter. Das Mineralölunternehmen hat in Zusammenarbeit mit über 5500 Gesundheitspartnern eine App entwickelt, für die jeder Mitarbeiter einen eigenen Zugang bekommt. Darüber können individuelle Gesundheitsangebote aus den Bereichen Entspannung, Bewegung, Fitness, Suchtprävention oder Ernährung ausgewählt werden. Über 90 % der Mitarbeiter sind auf der Plattform registriert und nutzen sie aktiv. Da die Bevölkerung allgemein ein ganz neues Gesundheitsbewusstsein entwickelt und auch der Arbeitgeber hier immer mehr in die Verantwortung genommen wird, spiegeln sich diese Employer-Branding-Maßnahmen auch positiv in der Wahrnehmung von Total als verantwortungsbewussten Arbeitgeber wider.

Was Sie aus diesem *essential* mitnehmen können

- Was Employer Branding ist und wie es funktioniert
- Wie insbesondere kleine und mittelständische Unternehmen erfolgreiche Arbeitgebermarken werden können
- Wie Sie aus der konkurrierenden Menge hervorstechen und im War for Talents wirkungsvoll agieren können

Printed in the United States
by Baker & Taylor Publisher Services

Printed in the United States
by Baker & Taylor Publisher Services